WAC BUNKO

日本の政治をダメにしたメディアと万年野党

JN120816

川貴之

WAC

はじめに　「思考停止」に陥った日本政治

世界を揺るがした新型コロナ禍は、日本社会の様々な欠陥をも浮き彫りにした。デジタル化の遅れ、ワクチン開発の失敗、脆弱《ぜいじゃく》なサプライチェーン、日本医師会という巨大な既得権益等々。その中でも、多くの国民の失望を招いたのが政治と行政の機能不全だったのではないか。

かつては「経済一流、政治三流」と揶揄された我が国だが、危機において国の進むべき針路さえ主体的に示すことができない政治への不信感は最高潮に達している。コロナとの闘いも二年が経ち、もはや「見えない敵」相手でもないはずなのに、日本では飲食店の営業時間短縮というワンパターンの対策ばかりが繰り返され、水際対策は「コロナ鎖国」と国際的な批判を浴びた。「蔓延防止措置」は、「慢性防止措置」に成り下がり、国民はその効果を信用せず、何のための対策かまったく分からない有り様。結果、延々と巨額の血税が飲食店の救済のためにつぎ込まれ続けた。諸外国では経済社会活動との両立をとっくに始めているのに、なぜ、日本は常に数カ月単位で対応が遅れ、世界から取り残されたのか。

それは政治家たちが批判を極度に恐れ、リスクを取らず、その結果、思考停止に陥っているからに他ならない。何かをやらないわけにはいかないから前例を踏襲する、「やっている感」だけなのだ。その場しのぎの対策が、結果的に国益を大きく損なっていることに、我々はそろそろ気付くべきではないだろうか。

無責任のトライアングル

では、なぜ政治家は、リスクを取れなくなったのか。それは二〇二〇年九月に総理大臣の座に就いた菅義偉の一年間の苦闘を振り返れば分かるだろう。菅前総理は、コロナの脅威を客観的に見極めた上で、感染対策と経済活動との両立を目指し続けた。どういった活動が感染を拡大させ、どのような行動であれば感染リスクは低いのか、合理的な連立方程式の解を模索し続けた。二〇二一年の東京五輪の開催は、その象徴的なイベントだった。菅前総理は、一貫して「有観客で開催すべき」という立場だった。それはプロ野球のスタジアムで行われた実証実験において「マスクを付けて大声を出さなければ、スポーツ観戦では感染は拡大しない」という分析結果が出ていたからだった。

しかし、これを許さなかったのはメディアと野党、そして感染症の専門家たちだった。政府の感染対策のトップである尾身茂分科会会長は、国会で「この状況で五輪を開催することは〝普通はない〟」と答弁した。何が〝普通〟なのか、まったく科学的ではない意味不明の答弁だったが、専門家たちは声を揃えて「五輪で人流が増えれば感染のリスクは増える」と主張した。そこに科学的な分析など一切無い。「リスクがある」という言葉だけが、彼らが突きつける印籠だった。外出をすれば、交通事故に遭うリスクも工事現場から物が落下するリスクも常にある。「リスクがある」という言葉で、国民を惑わし縛り付けることだけが、〝科学者〟たちの唯一の解だった。

そして、こうした専門家たちに便乗したのが、野党だった。五輪の直前に行われた東京都議会議員選挙で、立憲民主党や共産党は堂々と「五輪中止」を叫んだ。そんなことをすれば、日本の国際的な信用は地に墜ちることを分かっていながら、非現実的な公約を掲げるのが、今の〝無責任〟野党の実態なのだ。国益など一切お構いなし。政権の足を引っ張ることしか考えていない。

野党が恥も外聞も無く「五輪中止」を訴えられたのには理由があった。左派メディアやワイドショーがせっせと印象操作に勤《いそ》しみ、国民を洗脳し続けていたからだ。朝日新聞は社説で「五輪中止」を打ち出し、「菅総理は政権の延命という私利私欲のために国民を危険に晒《さら》す五輪を強行しようとしている」というイメージを徹底的に植え付けた。読売新聞が二〇二一年五月に行った世論調査で、実に五十九％もの国民が五輪開催に反対し、賛成の三十九％を大きく上回った。左派メディアの〝レッテル貼り〟が奏功したのだ。

結局、政府は無観客での開催を決断せざるを得なかったが、その理由について政権幹部は、こう嘆いた。

「これで一人でも観客に感染者が出れば、政権は転覆してしまう。僅かなリスクすらも取れない状況に追い込まれている」

野党・メディア・専門家という無責任のトライアングルの圧力に屈する形となったのだ。

〝無責任トライアングル〟は、感染拡大の責任をすべて政権に押し付け、世論を扇動した。自らは批判を浴びることのない安全な場所に身を置きながら、菅総理のコロナ対策を「ワクチン一本足打法だ」、「楽観的すぎる」、「人災だ」などと一方的に非難し続けた。

菅総理をスケープゴートにすることで、国民のコロナへの不安や不満を政権へと向かうように仕向けた。そして、最後には総理の座から引きずり下ろすことに成功したのだ。

私は野党やメディア、専門家たちに問いたい。「五輪は中止すべきだった」と今でも信じているのか、と。朝日新聞は五輪中止を主張しながら、いざ開幕すると連日、五輪の感動を紙面で大きく伝え続けた。野党議員も、「金メダルおめでとう」などと恥ずかしげもなくツイッターで称えた。専門家たちは、五輪後に急激に感染者数が減少した事実について、いまだに明確な科学的な説明を行えていない。読売新聞が八月に行った世論調査で、六十四％が「五輪を開催して良かったと思う」と答え、「思わない」の二十八％を凌駕した。一体、あの五輪批判は何だったのか。五輪中止を声高に求めた連中は自らの言葉に責任を持つことなく、検証や総括は一切行われない。無責任の連鎖が、不都合な真実に蓋をしているのだ。

そして、不満のはけ口として、総理の首をすげ替えて何が起きたか。新たに発足した岸田政権は、政治の「思考停止」に拍車をかけ、知事たちが求める非合理的なコロナ対策を鵜呑みにすることで責任回避に終始しているようにしか見えない。前政権と同じ轍《てつ》を踏まないことだけを考え、「聞く力」という名の下に方針を二転三転させ、リスクや批判を回避することしか考えていない。頭にあるのは目先の選挙に勝つことだけ。近視眼的な「その場しのぎ」の対応は、この国を確実に衰退の道へと導いている。

現政権が推し進めたワクチン追加接種の遅れなどを見て、「菅さんは頑張ったんじゃないか」、「菅総理の方が良かったのではないか」などと菅政権への再評価の声が増えている。不妊治療への保険適用や携帯料金の値下げなど国民が諸手を挙げる政策だけではなく、福島第一原発処理水の海洋放出や高齢者の医療費窓口負担の引き上げなど日本の将来のために不可避な政策に果敢に取り組んだ実績が、今になって称賛されている。しかし、それも後の祭り。この日本の危機において、改革を断行しようとする内閣を引きずり下ろした代償は、我々国民が払わなければならないのだ。

七月の参院選に向けての最終戦争

だからこそ、今ほど国民が政治にどう向き合うのか、問われている局面はないだろう。前作『日本の政治をダメにしたのは誰だ!』では、「万年野党の堕落」がどのようなものかを白日の下に晒した。そして残念ながら、野党の劣化はこの二年でさらに深刻さを増している。相変わらずの〝内ゲバ〟が繰り返され、立憲民主党や国民民主党の迷走はもはや悲劇的ですらある。独裁体制を築いてきた立憲の枝野幸男は、共産党との「閣外協力」というルビコン河を渡ったことで、国民から一気に見放され、代表の座を追われた。

後任の泉健太は、二〇二二年七月に行われる参院選に向け、「野党で改選過半数の獲得」との目標を掲げ、「無党派から保守層に共感の輪を広げる。立憲こそがリベラルと中道の旗手」と宣言した。しかし、実態はこの言葉からかけ離れていた。立憲は、反共産色を強める支持団体の「連合」と共産党の双方から突き上げをくらい、板挟みで雁字搦《がんじがら》めとなっているのだ。与党以上にしがらみだらけの立憲が、政権を担えるはずがない。

連合の芳野友子会長は周辺に対し、厳しく批判した。

「立憲の中で本気で政権を取ろうとしている議員なんて一人もいない。立憲は、『立憲共産党』と『まともな野党』に今すぐ分党すべきだ」

この言葉通り、野党が今後も合従連衡を続けることは想像に難くない。

ロシアのウクライナへの軍事侵攻は、平和が当たり前に手に入るものではないという現実を改めて知らしめた。欧米の後ろに隠れるだけの日本外交で、本当にこの国を守れるのか、国民は痛感したのではないだろうか。私たちが今、取り戻さなければならないのは、成熟した民主主義だ。思考停止に陥った政治に主体性や覚悟を取り戻し、機能をさせること、これこそが国民の役割である。これ以上、無責任な野党やメディアの術中にはまり、時間や国力を浪費することだけは避けなければならない。

七月の参院選は、その一里塚となる。本書は、この二年間の永田町の動きの裏側までを克明に記したものである。ここには新聞の政治欄には載っていない、知られざる政治の深層が明かされている。その真実を直視してもらうことが、岐路に立つこの国を救う一助になればと願うばかりである。なお、本書は月刊誌『Ｗｉｌｌ』に連載中の「氷川政話」を加筆し再構成したものだ。

二〇二二年四月

氷川貴之

日本の政治をダメにした
メディアと万年野党

◉目次

目次

第二部　民主主義を破壊する左派メディアのフェイク報道……………… 127

装幀　須川貴弘（ＷＡＣ装幀室）

第一部

悪いのは「長期政権の驕り」ではなく「万年野党の堕落」

序章　やはり共産党に魂を売った立憲民主

「共産党」との共闘への幻想を捨てきれない立憲民主党の泉健太代表。もはや連合は自民にも秋波。参議院選挙の結果は「惨敗必至」

泉代表の唐突な「異例の発言」

二〇二二年四月八日午前十時半、衆議院第二議員会館の会議室――。立憲民主党代表の泉健太が記者会見に臨んでいた。質疑応答の前の冒頭発言として、「生活安全保障のための緊急経済対策」などを発表すると、目線を手元の原稿に落として急に読み上げ始めた。

「昨日、共産党の志位（和夫）委員長に『急迫不正の主権侵害が起こった場合には自衛隊を含めてあらゆる手段を行使して、国民の命と日本の主権を守り抜くのが党の立場だ』という発言があったとうかがっています。自衛隊の存在というものは、全国民が大変大切な存在であるとはすでに認識をしていると思います。当然ながら、我が国の国防を担う、それが自衛隊であるということを多くの政党が認識することは基本的に良いことであると思っております」

唐突な発言に、何を言い出すのかと会見場の記者たちも思わず、呆気にとられる。長くなるが、泉の発言を引用する。

「確かに、共産党さんも、これまでに個別自衛権はあると言ってきていたと認識もしています。また、自衛隊をなくすこと、日米安保条約を破棄することというのは我々とは違いますが、それも従来から国民合意なくしてできないとは言っていたわけですから、我が国の国防において、自衛隊や日米安保というのは、国民共通の前提であるというところの認識を多くの方々が持っているということを今、共産党も踏まえつつあるのではないのかな、と私はそう感じております。

導入する武器などについては、例えば防衛白書でも、攻撃型空母の保有は駄目だとか、長距離爆撃機は駄目だとか、武器について、当然、我が国政府も何でも持てるわけではないと。

憲法や専守防衛に照らしても、という姿勢はあるわけですから、共産党さんもある意味、そこは武器において、それが違憲であるとか、違憲でないということはあろうかと思いますけれども、自衛隊そのもの、自衛官そのものが違憲かと言えば、やはりそういうことではないのではないかと、私は思いますので、明確にその意味では自衛隊そのものは合憲であるという理解をされても良いのではないかなと思っています。

あの……もちろんそれぞれ政党の考えることですので、これは私の見解ということになりますけれども、そのようなことを感じたところであります」

挙動不審に目線を左右に動かしながら、発言を続けた泉の顔色は土気色《つちけいろ》をしていた。あまりに不自然かつ異例の発言だった。公党の代表が、問わず語りで他党の方針について「独自の解釈」を施した上で、「良いことだ」と評価してみせたのだ。

結局は「立憲共産党」なのだ

なぜ、泉はこのような言い訳がましい説明をしたのか。立憲の支援団体である連合関係者は、怒りを静かに押し殺した。

「泉は、共産党に魂を売る決断をしたんだよ。参院選で『自衛隊は違憲』との考えを持つ共産党と組めば、与党からは必ず『ウクライナ危機など国際情勢が緊迫している時に、政権を担う責任がない政党だ』と批判される。それに反論するために、『共産党も自衛隊そのものは合憲と考えている』などと説明せざるを得なかったのだろう。苦しい説明だよ」

それもそのはず、志位の発言はあまりに身勝手で、信用できるはずがないものだ。共産党は綱領で自衛隊について「国民の合意での憲法九条の完全実施に向かっての前進をはかる」と明確に「自衛隊の解散」を謳《うた》っている。その自衛隊に、いざという時は守ってもらおうというのだから虫が良すぎる。ロシアによるウクライナへの軍事侵攻によって、国民の安全保障や防衛政策への関心が高まるなか、このまま参院選に突入すれば惨敗するとの危機感から、まやかしの路線修正を図っただけなのだ。

同じ日、国民民主党幹事長の榛葉賀津也《しんばかづや》は記者会見で「（共産党の主張は）一貫してないですよね。しっかりと共産党の綱領を読み返してみたいと思います」と皮肉った。

泉発言の背景には、参院選に向けて立憲が「市民連合」を介した共産党との「政策協定」を結ぼうと水面下で調整を進めていることがあった。共産党はかねて、政策協定を結んで、安保法制の廃止や憲法改正阻止で合意しなければ、選挙協力を行わないことを明言しているからだ。

立憲の参院議員は、共産党からの支援への期待を隠そうとはしなかった。

「連合は『共産と政策協定を結んだら推薦を出さない』と脅しているけど、『市民連合』との政策協定だったらギリギリセーフでしょ。まあ、『市民連合』の実態は共産党なんだけどね」

市民連合という任意団体を媒介させることで国民を欺《あざむ》こうという、いつものやり方だが、国民が見抜いていないはずがない。同じ過ちを何度繰り返しても学ばないのが立憲だ。

こうした立憲のごまかしの姿勢に、はらわたを煮えくり返らせていたのが、連合会長の芳野友子だった。芳野の怒りに火を注いだのは、三月二日に産経新聞が掲載した「立民は『共産党支配』か　九条改正反対でそろい踏み」という記事だった。問題は、その記事に添えられていた写真。共産党書記局長の小池晃らとともに街宣車に乗った立憲・辻元清美（落選中）の姿があった。街宣車の車体には「全国労働組合総連合」という文字が。全国労働組合総連合は「全労連」と呼ばれる共産党系の労働組合で、連合にとっては長年敵対し続けてきた不倶戴天《ふぐたいてん》の敵だった。

激怒した芳野に対し、辻元は「私は気付かずにあの車に乗ってしまっただけで、気付いてすぐに途中で下車しました」と言い訳をしたという。しかし、実際には辻元はしっかりと最後まで街宣車の上で共産党と共に憲法九条改正反対を叫んでいたのだ。

七月の参院選に全国比例の候補として臨む辻元としては、ウイングをさらに左に広げて、票を集めようという戦略だった。だからこそ、共産党と一体化してまで選挙運動をせざるを得ないのだ。

驚くのは、こうした主張を先鋭化させる辻元について、最近、立憲内で「泉の次の代表に」と「辻元代表待望論」が出ていることだ。いっそのこと辻元代表の下で、共産党と完全に合流してしまえば国民には分かりやすくなるのだが。

そういう立憲の動きに呆れて対抗するためか、「連合」の芳野友子会長は、四月十八日、自民党本部で開かれた会合に出席し、雇用や労働環境の安定の必要性などについて、自民党議員と、親しげに意見交換を行ってみせた。

立憲・国民民主の「仁義なき戦い」

共産党にすり寄る立憲を見て、ほくそ笑んでいるのが国民民主党代表の玉木雄一郎だ。

玉木は産経新聞のインタビューで、「立憲が、基本政策が異なる共産党との関係を明確にしない限り、参院選での候補一本化には応じない」との考えを示した。そして、その言葉通り、香川選挙区や宮崎選挙区など立憲の候補者がいる選挙区に、次々に対抗馬を立て始めているのだ。

香川県は、衆議院では、国民民主党代表の玉木と立憲政調会長の小川淳也が、二つの小選挙区を占めている。しかし、双方が「候補者を立てるのはウチだ」と譲らず、参院選でそれぞれが候補を擁立。お互いに「相手が聞く耳を持たなかった」と罵《ののし》り合っているのだ。これで野党票が割れて、自民党の勝利は確実となった。

立憲は、国民民主への意趣返しとばかりに、これまで委員会で譲ってきた質問時間について、「予算案に賛成した国民民主にはもう譲る理由がない」と地味な嫌がらせをするのが精一杯。

その立憲と国民民主が、せめぎ合いを続けているのが「略称・民主党」をめぐる争いだった。もともと三年前の参院選では、立憲は略称を「りっけん」、国民民主は「民主党」とそれぞれ届け出ていた。しかし、去年の衆院選では、立憲・国民民主が共に略称を「民主党」として届けたために混乱が生じることとなった。結局、「民主党」と書かれた票は全国で三百六十万票以上にのぼり、両党が得票の割合に応じて案分することとなった。

有権者へのわかりにくさを排除するために、両党は今年になって、それぞれ「民主党という略称はやめよう」と呼びかけ、調整が進められていた。しかし、その隙をついたのが「NHK受信料を支払わない国民を守る党」だった。総務省関係者によると、NHK党が「略称で『民主党』を使用したい」と申し出てきたというのだ。この奇策に慌てたのが、立憲と国民民主。「このままでは大量の『民主党票』がNHK党に流れる」との危機感から、「我こそが民主党だ」と再び両党の綱引きが激しくなっているというのだ。子どものケンカのような、あまりに低レベルの争い。堂々と、自らの正式な党名で票を取ろうという発想は、そこにはなかった。

立憲は参院選で壊滅か――京都は福山哲郎の落選確実か？

二〇二二年四月五日、午後三時に始まった立憲の常任幹事会は、通常であれば一時間以内に終わるはずが、二時間近くも続いていた。立憲幹部の一人がその理由を明かした。

「参院選の山口選挙区に、西村（智奈美）幹事長が『安倍（晋三）元総理の元秘書を公認する』と言い出したので、幹部陣から『なぜ安倍元秘書なのか？』『本当に大丈夫なのか？』と疑問が相次いだ。結局、西村さんは明確な説明はできなかったけど、最後は了承されてしまった」

立憲が山口選挙区に擁立を決めたのは、安倍元総理の私設秘書を十四年間にわたって務めたという秋山賢治。立憲関係者は「自民党にいた人が、こっちから出馬するということは、それだけ自民党がダメだということをアピールできる。安倍のスキャンダルもどんどん明るみに出てくるんじゃないか」と目を輝かせた。

しかし、別の立憲のベテラン議員はため息をついた。

「そんなことをアピールしたら、逆に『元民主党の議員が、どれだけ自民党に来ているんだ』とブーメランが返ってくるだけだ。そもそも、きちんとした人だったら、自民党の牙城で、野党が勝つ見込みがない山口選挙区で立憲から出るはずがない。こっちのスキャンダルの方がよっぽど心配だ」

こうした参院選に向けた懸念をよそに、泉はこの日の常任幹事会で、参院選比例代表での得票目標を千三百万票とすることを決めた。この目標について、幹事長の西村は会見で「昨年の衆院選で我が党の比例得票は約千百五十万票だった。その約一割増しだ」

と説明したが、立憲幹部は本音を漏らした。

「これだけ支持率が低迷している中で、なぜ一割も得票を増やせるのか。まったく根拠がない。取れても最大九百万票だろう。あまりに楽観的すぎる目標だ」

目標を達成できなければ、即座に〝泉おろし〟が吹き荒れることになるだろう。近親憎悪の〝内ゲバ〟が止むことはない。

その参院選で危機的な状況に追い込まれているのが前幹事長、福山哲郎だった。四月十日に投開票された京都府議選補選、ここで維新の新人候補が初当選を果たしたのだ。福山はこの補選を「参院選の前哨戦」とみて、自身の元秘書を擁立し、全力で応援してきた。選挙には京都が地元の泉のほか、辻元や蓮舫らも応援弁士として入り、オール立憲という異例の支援態勢をとったが、結果は維新だけでなく、自民・共産候補の後塵も拝して最下位に沈んだ。

泉は周辺に対して、「勝てなかったのは仕方ないが、まさか共産党にまで負けるとは」とショックを隠せなかったという。それもそのはず、参院選では、二つの議席をめぐって、同じ維新・自民・共産・立憲の候補が争う構図で、今回の補選の結果では福山は議席を失いかねないからだ。

福山にとって悪いニュースが続く。

維新がこの京都選挙区に、大阪ガスでESG推進室長などを務めた新人の楠井祐子を擁立することを決めたのだ。

維新幹部は高笑いをした。

「京都は自民とうちで決まりだろう。福山は〝落選確実〟だな」

親露派？　の維新はガバナンス欠如

今回の参院選で「改選議席の倍増」と「立憲超え」を目論んでいる維新だが、その内実はお寒い限りだ。特にウクライナ危機は、維新という政党が組織としてのガバナンスを欠いていることを浮き彫りにした。

維新の創設者である元大阪府知事の橋下徹は、「戦う一択ではダメ。一刻でも早く一般市民が逃げる仕組みをとること」「ウクライナ人はプーチンが死ぬまで国外退去して二十年後に再建せよ」などと発信。ウクライナの降伏や中国への仲介依頼を主張するなどトンデモ発言で、物議を醸《かも》した。

また、政界きっての親露派として知られる維新国会議員団副代表の鈴木宗男は講演で、ロシアの軍事侵攻は認められないと指摘したうえで、「原因をつくった側にも責任がある」などとウクライナ側の対応を批判している。

市民の虐殺など、ロシアの「戦争犯罪」とも言える非人道的行為が次々に明るみになる中で、こうした維新の議員らの発言の異常さが際立ってきている。維新の中堅議員が頭を抱えた。

「維新内でも橋下さんと松井一郎代表の意見は絶対で、国会議員であっても服従せざるを得ないし、誰も文句を言えない。宗男さんも副代表だから、グリップできる人がいないんだよ。うちの党は、まったくガバナンスがない。これで松井代表が政界引退したら、党は崩壊するよ」

維新はこれまで〝身を切る改革〟や大阪府知事の吉村洋文の清新なイメージで支持を広げてきたが、橋下らの発言もあって勢いに陰りが見え始めている。三月末に行われた兵庫県西宮市での市長選や市議補選では全敗し、衝撃が走った。議員らのスキャンダルも後を絶たず、メッキが徐々にはがれ落ちつつあるのだ。

万年野党への厳しい審判が下る

参院選が数カ月後に迫った状況においても、野党の足並みはバラバラで、足の引っ張り合いに終始している。勝敗のポイントは、全国に三十二ある一人区だが、野党候補の一本化はまったく進んでいない。

実は、立憲や国民民主、共産党の幹部はオフレコの場では、こう口を揃えている。

「今回は、野党が勝てそうな選挙区だけ一本化すればいい。そうではないところは、比例票を稼ぐために、各党が候補者を立てればいいんだ」

私たち有権者は見極めなければならない。選挙区で、複数の野党候補が立候補していたら、野党はその選挙区でハナから勝つ気がないということだ。果たして、いくつの選挙区で一本化が実現するのか注目である。

立憲関係者は自嘲する。

「野党は、今回の参院選でも必ず同じ失敗を繰り返すよ。立憲は共産党と組んで、有権者の信頼をさらに失うことになり、国民民主との同士討ちは激しくなるばかり。野党は一度、壊滅した方がいいのかもしれない」

「野党共闘」を叫びながら、政権を取る気すらない〝無責任野党〟は百害あって一利なし。万年野党には、厳しい審判が下されるだろう。

次章から改めて、この二年あまりの野党の理念なき野合の軌跡を振り返りつつ、そうした敵失もあって与党の地位を維持してきた自民党・公明党の実像に迫って行きたい。

第一章　犬も食わない参院選前の「内ゲバ」

かつては「共に民主党」だった国民と立憲。参院選を前にして、自民と共産に尻尾を降って「連立」を夢見る党首の好物は「毒まんじゅう」

「自公国」新連立をめぐる思惑

二〇二二年三月九日午後二時、国会議事堂三階で衆議院と参議院の境界にある「常任委員長室」に三人の男が顔を揃えていた。自民党幹事長の茂木敏充、公明党幹事長の石井啓一、そして国民民主党幹事長の榛葉賀津也《しんばかづや》。連立与党の自民・公明と、野党第三党である国民民主による異例の幹事長会談だった。

榛葉が自公の幹事長に迫ったのが、ガソリン税を一時的に引き下げる「トリガー条項」の凍結解除だった。公明党は提案の受け入れに前向きな姿勢を示し、慎重論が強かった自民党側もここにきて歩み寄りを見せ始めている。いま永田町では、「自公国」連立政権の発足すら囁《ささや》かれるほど、三党の動きが注目されているのだ。自民と公明の関係悪化が露呈するなか突如、降って沸いたような三党の接近。いったい何が起きていたのか。それは当事者たちですら理解し得ない、奇妙な思惑の一致の産物であった。

きっかけは二月二十一日、衆院の予算委員会で国民民主党が予算案に賛成したことにある。野党が本予算に賛成することは異例中の異例で、立憲代表の泉健太は「野党とはいえない選択だ。非常に残念な判断だ」と糾弾した。共産党の志位和夫委員長は、「参院選で国民民主党と野党共闘をする条件がなくなった」と憤りを露わにした。書記局長の小池晃も「国民民主党は遠くに行ってしまった。もう野党とは呼べないな」と周囲に漏らしたという。

したたかな公明党への自民の牽制は通じるのか？

国民民主党はなぜ、野党としては「禁じ手」の予算案賛成に踏み切ったのか。実は、水面下では昨秋の衆院選前、自民党側から国民民主党へのアプローチが行われていた。コロナ禍で菅義偉政権の内閣支持率が低迷し、自公で過半数割れという最悪のシナリオすら想定されていた頃だ。自民党幹部は当時、危機感を募《つの》らせていた。

「野党に転落する可能性もあるなか、万が一のことを考えて国民民主党を連立に入れることを考えて極秘裏にアプローチしていた。民間労組の組合員の多くは自民党支持者だし、政策も自民党と変わらないからね。厚労省を分割して、労働大臣のポストを国民民主党に渡すことまで考えていた」

結局、自民党が衆院選で勝利したため杞憂に終わったが、国民民主党代表の玉木雄一郎も連立入りを意識し始めていた。

そんななか浮上したのが、参院選の相互推薦をめぐる自公の亀裂である。参院選に向けて準備を急いでいた公明党は、去年末までに公明党候補に推薦を出すよう自民党側に求めていた。

維新の勢いに押される公明党は、兵庫選挙区をはじめとする関西で厳しい戦いが予想されていた。だからこそ、自民党の推薦をいち早く得ることで、票固めを早々に進めようと考えたのだ。しかし、自民党側は「手続きに時間がかかる」として、遅々として推薦を出さなかった。この対応に公明党と支持母体の創価学会は激怒し、一月中旬の学会の選挙担当者による会合に出席した山口那津男代表は「今度の参院選は、自民党とは従来の協力は行わない」と宣言したのだ。

これは安倍政権や菅政権だったら決して起こらないことだった。岸田政権においては、岸田文雄総理をはじめ、茂木幹事長や選対委員長の遠藤利明らは一切、公明・学会とのパイプを有していなかった。だから、なぜ公明党が焦って推薦を求めるのか理解できなかったのだ。むしろ、茂木や副総裁の麻生太郎は公然と学会幹部を批判するなど、自公の溝は広がるばかりだった。ようやく三月十日になって選挙に向けた協力が確認されたが、ぎくしゃくとした関係のまま参院選に突入することになりそうだ。

連立与党に隙間風が吹くなか、茂木と麻生が極秘裏に画策したのが国民民主の取り込みだった。立憲や共産と距離を置き始めた国民民主を与党の側に引き寄せることで、連立のパートナーである公明を牽制する思惑があった。国民民主の玉木や古川元久国対委員長らが直接、茂木や麻生と接触したうえで周到に準備が進められた。

自民党にとっては、電機連合や自動車総連の票を取り込んで野党勢力に楔《くさび》を打ち、さらに公明党を「いざとなったら公明を切って国民民主と組むぞ」と牽制することができる。いわば〝一石三鳥〟の策だった。自民党内では、参院選の一人区で国民民主の現職がいる山形選挙区で候補者擁立の見送りが検討されるなど、連携へと前のめりになっているのが現状だ。

一方の公明党からすれば、自民と国民民主の接近は厄介でしかなさそうだが、実はそうではない。公明・学会は自民党以上にしたたかさを発揮している。公明党は自民党よりも早い段階で、自動車総連を中心とした民間労組との連携を模索してきた。公明党が全勢力を集中する兵庫選挙区においては、すでに国民民主党が持つ数万の労組票を手中に収めるべく動いている。その見返りに、国民民主が擁立する選挙区で学会票を回すという「裏取引」が実行されているのだ。自民党候補とぶつかる対抗馬に票を流すとは、自民党にとって驚愕である。

こうした事情から、公明党も国民民主党が求める「トリガー条項凍結解除」に前向きなのだ。

目立ちたいだけの玉木・国民民主の喜劇

一躍、政局の中心に躍り出た国民民主党代表の玉木雄一郎は、「オイルショック以来の原油価格高騰に国民があえいでいる今だからこそ、『野党は反対』という前例踏襲的な対応ではなく、何が国民生活と経済にとって最良かという観点で政治家として判断した」と語り、あくまで与党入りする考えはないことを明らかにした。

「何でも反対」の立憲・共産などと比べれば真っ当な対応であり、多くの国民から喝采が送られた。連合関係者も「今回の判断は組合員も喜んでいる。これで参院選は戦いやすくなった」と胸をなで下ろす。「野党なのだから反対するべきだ」などと恥ずかしげも無く主張する立憲の面々こそが、国民感覚からかけ離れていることをそろそろ自覚するべきなのだ。

玉木は周辺に対し、決断の理由を語った。

「衆院選で『トリガー』を公約に入れたときから今回のことは考えてきた。立憲は我々を批判するけど、共産党と離れられないあなたたちに言われたくない。これからも政府には、ヤングケアラーの問題など、どんどん政策を受け入れてもらう。うちみたいな弱小政党は、そうやって存在感を出していかなければならないんだよ。これでうちの名前が報道されたことが一番のメリットだ」

国民民主にとっては、今度の参院選で四人の組織内候補を全員当選させることが絶対命題。そのためには今の一%という支持率を、せめて四%に上げなければならない。そのためのアピール材料こそ、政府与党に接近しての政策実現である。

ただ残念ながら「これでまともな野党が誕生した」と手放しで喜ぶわけにもいかない。忘れてはならないのが、立憲と国民民主の不毛な合流協議における玉木の振る舞いである。後の章でも述べるが、玉木は党勢低迷の打開策を見つけることも、党内をまとめることもできなかった。それでも、自分が代表の座に居座り続けたいという一心で合流協議を延々と長引かせ、周囲を振り回し続けた。見栄えは良く、政策を立案する能力は政界随一とはいえ、政治家としての決断力や求心力が致命的に欠如しているのだ。

今回の動きについて、国民民主党の内部からも懐疑的な声が上がる。

「玉木は自分が目立ちたくて暴走しているだけだ。大臣のポストがもうチラついているんだろう。このままでは連合が分裂して大混乱になる」

連立政権に向けた動きは参院選後になるが、国民民主を取り込もうとすれば、あの合流協議の再現を見ることになりかねない。

相変わらずの得意技〝内ゲバ〟合戦

こうした国民民主の動きに対して、立憲ベテラン議員は「もう全面戦争だ」と鼻息を荒くした。実際に、参院選の複数の一人区に、立憲・国民民主の双方が候補者を擁立する「内ゲバ」の様相を呈している。

しかし、立憲は内部から瓦解《がかい》を始めていた。

旧社会党系の議員からなる「サンクチュアリ」、そして菅直人元首相が率いる「国のかたち研究会」。三月八日、リベラル色の強い二つの党内グループが国会内で臨時会合を開いた。出席した三十人ほどの議員からは、「他党との連携がまったく進んでいない。このままでは参院選は惨敗する」「今の執行部のやり方では党が崩壊する」などと、立憲代表の泉健太を突き上げる声が噴出したのだ。

ある立憲中堅議員が〝泉おろし〟の黒幕を明かす。

「小沢一郎さんが裏で手を引いているんですよ。小沢さんは泉が裏切ったことを激怒していて、泉を引きずり下ろそうと画策している」

泉は去年十一月の代表選の際に、小沢とある密約を交わしていた。小沢グループの応援が喉から手が出るほど欲しかった泉は、「小沢を総合選対本部の要職に就け、選挙もカネも任せる」と口約束をしていたのだ。

代表選は小沢の剛腕が功を奏して泉が勝利するが、ここで泉の〝優柔不断〟が顔をのぞかせる。総合選対本部には、小沢を迎え入れるために側近議員や職員を集められていたが、肝心の小沢への打診を泉が渋ったのだ。泉は党内のベテラン議員に相談するが、口を揃えて大反対。結局、小沢を無視し続けた。年が明け、しびれを切らした小沢が側近を使って泉の胸中を探らせたところ、泉は「小沢を起用しない」と断言。小沢が大激怒するのも無理はない。

支持率が低迷するなか、野党内でも孤立を深める立憲だが、そこに擦り寄るように手を差しのべる政党があった。共産党である。水面下で立憲執行部に対し、「場合によっては、うちは候補者を下ろしてもいい」と囁《ささや》いているという。

これまで共産党との連携に慎重な立場を貫いていた泉を尻目に、共産党は参院選の一人区で続々と候補者を立てている。さらに、ここにきて国民民主の離反が追い打ちとなった。このままでは候補者の一本化はできないと弱り果てた泉は、共産党との連携を水面下で始める覚悟を決めたのだ。

前々回の参院選では香川選挙区を、前回は福井と徳島・高知という二つの選挙区を共産党に譲り渡したが、今回は最低でも三つの選挙区を共産党に献上することが検討され

ている という。

しかし、共産党が求めてくるのは「政策協定」だ。衆議院選挙と違って、参院選は政権選択選挙でないとはいえ、国政選挙で立憲が共産と組むのであれば、政策を一致させるのは当然のことだ。〝泉おろし〟をはね除けるために、かつての枝野幸男と同じ〝毒まんじゅう〟を食らうのか。泉は踏み絵を迫られている。

第二章　連合・芳野友子会長の〝三下り半〟と高市早苗政調会長の叱責

総選挙では日本共産党に尻尾を振り、夏の参議院選挙では「どうか推薦をください」と連合に泣きつく福山哲郎たち

立憲民主党の大混乱

「こんなんじゃ、参院選は戦えないわよ。何を考えているの！」

二〇二二年一月二十五日午後、衆議院第二議員会館地下二階の立憲民主党の会議室に、参院幹事長の森裕子の金切り声が響き渡った。立憲の常任幹事会で森が怒り狂ったのは、泉健太代表ら執行部がまとめた、先の衆院選の〝総括案〟についてだった。議席を公示前の百十から十四議席減らした敗因について、原案では次のように分析していた。

「選挙後に行った接戦区対象の調査から分析すると、共産党との連携を理由に投票先を立憲民主党候補から他候補に変更した割合が投票全体の三％強となっており、接戦区の

勝敗に影響を与えるだけの程度を示している。比例投票先に対する同様の調査では、投票全体の約五％が、投票先を立憲民主党から別の政党に変更している。変更後の投票先の多数が維新の会・自民党・国民民主党であることを捉《とら》えれば、一定層の離反への影響が読み取れる」

つまり、共産党と連携したことにより、多くの票が立憲から逃げたと指摘したのだ。泉らは、衆院選の敗因をすべて共産党に擦《なす》り付けようとした。しかし、これに反発したのが、森や共産党とべったりの選挙戦を展開した東京都連幹事長の手塚仁雄らだった。

特に、二〇二二年夏（七月十日投開票予定）に参院選を控え、共産党の協力がなければ勝利が覚束《おぼつか》ない森ら参院議員は「共産党のせいで負けたなんて書けば、もう協力してもらえない」と必死で抵抗したのだ。常任幹事会は紛糾し、取りまとめは先送りとなり、結局、後日この記述はばっさり削除されることになる。選挙の総括をまとめるだけの作業が、これだけ揉めて迷走するほど、立憲の党内は混乱の度を深めている。

責任を押しつけられそうになった共産党の志位和夫委員長も怒り心頭だ。周辺に対し、「参院選での選挙協力について、立憲から何も話がない。ボールは向こうにあるんだ」と泉の対応を批判した。

その泉は、テレビ番組などで「共産党との連携は白紙だ。二〇二二年二月二十七日の立憲の党大会までは協議もしない」と発言。これに反発した共産党は、参院選の一人区で、続々と独自候補の擁立を発表したのだ。

顔面蒼白の議員たち

驚くことに、泉や幹事長の西村智奈美は、その言葉通り、この時は水面下でも一切、共産党との交渉を始めようとすらしていなかった。それだけではない、支持団体の連合の芳野友子会長にすら、何らの方針も伝えていなかったのだ。その連合は、二〇二二年一月末にまとめた「参院選の基本方針」に、「人物本位・候補者本位で臨む」として、支持政党を明記しなかった。前回（二〇二一年秋）の衆院選における「立憲民主党を連合総体として支援する」との方針を撤回。

つまり、共産党と政策合意を結ぶような立憲候補は推薦しないと最後通牒を突きつけた形だ。この意向は、芳野友子会長の強いリーダーシップに基づくものだ。連合幹部は「立憲の議員は、何もしなくても連合がビラ配りやポスター貼りなどの支援をしてくれると甘えすぎている。これからは、連合のために汗を流す候補だけを応援する。当然だろう」と突き放した。

立憲の参院議員は、顔面蒼白になった。

「連合に見捨てられ、共産党に対立候補を立てられたら、うちは大惨敗する。このままだと立憲民主党は終わる」

空中分解する立憲

なぜ、野党第一党がこれほど混迷しているのか。実は、揉めているのは衆院選の総括だけではない。二月八日の常任幹事会、終了間際に立憲の参院議員会長の水岡俊一が、西村に罵声《ばせい》を浴びせながら詰め寄った。

「約束を守ってないじゃないか。なぜ、カネを出さないんだ！」

立憲参院のトップが、党のナンバーツーに激しい剣幕を見せたのは、参院選の候補者への資金支援の約束が無視されていたからだった。一月末に出すはずだったカネがいまだ払われていないというのだ。何というレベルの低い争い。

そして、この日の常任幹事会では、〝略称問題〟も大揉めに。これまで国政選挙のたびに、政党名の略称を立憲と国民民主党が共に「民主」と主張してきたため、両党でつばぜり合いが繰り広げられてきた。西村は、独断で国民民主党に対し、立憲は略称を「立憲」にすると約束してしまい、その報告をすると異論が噴出。結局、今回の参院選でも、どちらも「民主党」を略称とすることになり、対立は続くことになった。

立憲の中堅議員は執行部への怒りをあらわにした。

「泉は、とにかく代表に向いていない。大方針を示すことができないから、各議員も県連もどうしたらいいのか分からない。西村は根回しが、まったくできない。このままでは、党が空中分解してしまう」

代表である泉は、幹部と意見交換をしていても、最後には「どうすればいいかな」と判断をまわりに委ねてしまうという。憲法審査会の出席をめぐっても、対応を二転三転させ、立憲は野党内でも孤立を深めている。代表・幹事長という党の根幹に、機能不全をきたしていることが原因だ。

これに危機感を募らせるのが、参院選の候補者たち。すったもんだのすえに、参議院全国比例への出馬が決まった辻元清美も「このままでは厳しい」と周辺に焦りを見せている。当選するには労働組合の組織内候補の票を上回らなければならないため、十三万票は必要となるが、地元大阪以外のどれだけの有権者が辻元の名前を書くのか、まったくの未知数だからだ。さらに、あとでも詳しく分析するが、京都選挙区で当落線上のギリギリにいる前幹事長の福山哲郎は、二月中旬に連合本部を訪れ、幹部に泣きついた。

「どうか、推薦を出してください。このままだと落選してしまう」

散々、共産党に尻尾を振って、連合を邪険にしてきた男の泣き落としに、連合関係者は「何を今さら」と冷たく突き放した。しかし、四月になって、なんとか、京都連合の推薦をもらえることにはなった。

立憲内では、早くも「泉おろし」の動きすら起きかねない情勢だ。

二月二十七日の党大会で、泉は、政府の二〇二二年度の予算案に賛成した国民民主党を批判し、立憲は「自民と対峙しリベラルと中道の騎手となっていこう」と訴え、なんとか乗り切ったが、出席していた連合の芳野会長は「政策の実現に向け、立憲民主と引続き連携を図り、共に明るい未来を作っていきたい」と挨拶したものの、共産と連携する候補を推薦しないとする立場は崩すことはなかった。また、党大会で、泉は「一人区においては、空白区へのさらなる候補者擁立とともに、一つでも多くの選挙区における野党候補の必勝に向けて、先日、連合の芳野会長とも意見交換を行い認識の共有に至った、政党間の『候補者調整』を、党本部・県連が連携して進めてまいります」と述べたものの、共産党との連携をするとも、しないとも明言しなかった。

中堅議員は、「安住（淳）さんだったら、もっとうまくやっていただろう」とこぼす。枝野幸男、蓮舫、安住らのカムバックも、そう遠くはないかもしれない。

岸田総理の迷走

立憲の支持率が低迷する一方で、岸田政権にも綻《ほころ》びが見え始めている。肝心の岸田総理が何をしたいのか、明確なメッセージが伝わってこないのだ。

その岸田総理が、二〇二一年末から繰り返し読んでいる本があるという。『孤独の宰相　菅義偉とは何者だったのか』（文藝春秋）という、菅政権の誕生前から総理辞任までの舞台裏を担当記者が詳《つまび》らかにしたものだ。この本では、菅前総理が官房長官時代に、岸田総理について「岸田では改革はできない」「総理に相応しくない」などと厳しく指摘する描写もあり、岸田総理に仕える秘書官は「本当は、総理には読ませたくなかったのに、いつのまにかご自身で買って、読んでしまった」と明かした。

この本を読んだ岸田総理は周辺に対し、「菅さんは世論を読み違えてしまったんだな。ここから学ぶことは大きい」と語り、意を強くしたという。この言葉通り、岸田総理は就任直後から、「菅前総理を反面教師にする」ということを金科玉条《きんかぎょくじょう》とし、そこに固執し続けた。

例えば、コロナの水際対策。菅前総理は、感染対策と社会経済活動の両立を重視してきたため、外国人の入国制限についても必要最小限にとどめようとしてきた。結果として段階的な制限措置がとられることになり、「後手後手だ」との批判を招く結果となった。一方の岸田総理は、オミクロン株の世界的な感染が起きると、すぐに徹底的な外国人の入国制限を決断した。そして、これが内閣支持率のアップにもつながる。

これに味をしめた岸田総理は、とことん、菅前総理の〝逆〟を行く判断を下していく。前政権を苦しめた、自治体からの無責任な「まん延防止等重点措置」の要請。菅前総理は「経済活動の制限は科学的に有効性が認められたものに限るべき」との方針で、知事たちが単に責任を政府に転嫁するための「まん延防止」要請を決して鵜呑みにはしなかった。「飲食店を閉める前に、まだできる対策はあるだろう。国が一括でやらなくても、自治体にできる対策があるだろう」と知事たちを時に押し返した。しかし、世論やメディアはこうした菅前総理の姿勢を「無策だ」と痛烈に批判した。

一方の岸田総理は、知事たちの要請を最初から「丸呑み」するだけ。オミクロン株という重症化しにくいウイルス相手に「飲食店を午後九時に閉めること」が効果的かどうかなど、議論すらしない。オミクロン株という、デルタ株とはまったく異なる敵相手に、政権としてどう対峙《たいじ》していくか、その基本方針すら示されることはない。とにかく、菅前総理と同じ轍《てつ》を踏まないことだけを基準に、非合理的な社会経済活動の制限を続けているのだ。

ところが、こうした岸田総理の戦略にも限界が明らかになってきている。水際対策も〝引き際〟がまったく判断できない。「コロナ鎖国」と揶揄《やゆ》され、安倍晋三元総理ら与党関係者が批判の声をあげ始めると、ようやく「緩和する」と方針転換し、三月一日から入国制限を一日五千人に引き上げた。また、諸外国と比べたワクチン追加接種の遅れも政権の失政と言わざるを得ない。

岸田総理は、二〇二一年十月、就任後初めての記者会見で、コロナ対策について、こう語っていた。

「私の内閣では、まず喫緊《きつきん》かつ最優先の課題であります新型コロナ対策に万全を期してまいります。国民に納得感を持ってもらえる丁寧な説明を行うこと、そして常に最悪の事態を想定して対応することを基本としてまいります」

これは、「丁寧な説明をせずに」「楽観的すぎる」と批判された菅前総理への当てつけとも言えるメッセージだった。しかし、岸田総理がやったことは、厚労大臣やコロナ対策担当大臣、ワクチン担当大臣らコロナに関わってきた閣僚を総取っ換えし、ワクチン担当の官僚チームを解体することだった。「最悪の事態想定」とはかけ離れた対応に終始し、国民が納得できる丁寧な説明もほぼみられない。言っていることとやっていることが、かけ離れてしまっているのだ。

岸田総理の「弱腰」を高市早苗政調会長が叱責

二〇二二年二月七日になり、岸田総理は国会で、ついに前総理と同じ台詞《セリフ》を口にした。

「一日百万回の目標を掲げてしっかりと進めていく」

岸田総理の優柔不断さが問題となっているのはコロナ対策だけではない。北京五輪に対する「外交的ボイコット」も、欧米諸国が毅然《きぜん》とした対応を表明するなか、結局、自らの口で日本の方針を説明することはなかった。

また、「佐渡島の金山」の世界文化遺産登録推薦をめぐっても、岸田総理の方針はぶれまくった。実際に、岸田総理は推薦を決定する数日前まで、「日韓関係が揉めれば、アメリカが不満を言ってくる」などと推薦を見送る考えだった。しかし、推薦をしなければ、「日本は中韓からクレームをつけられれば、何でも引っ込める」とのレッテルが貼られ、国際社会におけるステータスを失いかねなかった。外相の林芳正も、最後まで推薦に反対したという。

これに対し、岸田総理の説得に乗り出したのは安倍元総理。そして、麻生太郎元総理も「やるべきだ」と岸田総理に対し、強硬に主張した。総裁選のライバルでもあった高市早苗政調会長も予算委員会でその弱腰を叱責した。これで、ようやく岸田総理も重い腰を上げ、方針転換したのだ。

なぜ、こうしたことが起きるのか。自民党関係者は岸田総理について、厳しく分析する。

「岸田さんには、目指すべき国家像も、やりたい政策もないんだよ。唯一あったのは、総理になってみたい、ということだけ。中身がないから『聞く力』をアピールして、いろんな人の話を聞くんだけど、そのせいで方針がぶれまくってしまう」

自民党内にも「『新しい資本主義』とか、スローガンは良いけれども、岸田さんが何をしたいのか分からない」との不満が渦巻く。今や官房副長官として、総理の右腕となっている木原誠二も、去年の総裁選の前には「岸田さんに総理が務まるはずがない。だから総裁選なんて出るべきではない」と主張していたほどだ。

内閣支持率は下落傾向にあるが、今は〝ダメ野党〟がアシストしてくれている。今夏の参院選に勝てば、岸田総理は国政選挙のない「黄金の三年」を得ることができる。しかし、安倍・菅政権を支え続けてきた〝岩盤支持層〟の離反を招けば、自民党内政局はすぐにでも始まることになる。その時にキーマンとなるのは、自民党最大派閥を率いる安倍元総理と菅前総理だ。岸田が足繁く二人のもとに通うのも、それが分かっているからだろう。

第三章　立民の辻元清美を復活させる策略・秘策とは？

「共産党とのパイプ＝枝野・福山」を失った立憲民主党は二〇二二年夏の参議院選挙で惨敗確実となりしか？

引っ張り出さなければ

二〇二二年一月七日夜、立憲民主党代表の泉健太ら幹部は、党員やパートナーズらとのオンライン対話集会に臨んでいた。ある党員がこう呼びかけた。

「みなさん、辻元さんに国政に戻ってきてほしいですよね」

その場にいた他の党員は口々に「そうだ！」と賛意を示す。ＰＣカメラの前の辻元清美は、はにかんだ笑顔を見せた。

立憲内で、先の衆院選（小選挙区）で維新の前大阪府議の池下卓《いけしたたく》に負けて、比例復活も出来ずに落選した辻元を二〇二二年夏の参院選で復活させようという仰天プランが浮上したのがこのころだった。維新が強い大阪選挙区では、次の総選挙でも当選がおぼつかないため、知名度を活かして全国比例で当選させようという計画だ。辻元自身は、小選挙区での当選にこだわりを見せていたが、党としては参院選の目玉にしたいと考えてのことだった。終わったはずの辻元を引っ張り出さなければならないほど、立憲は厳しい状況にあるということだ。

立憲幹部が実情を明かす。

「今夏の参院選、このままでは立憲は惨敗してしまう。一人区は全敗ではないかと党執行部は危惧《きぐ》している」

参院選の勝敗を左右するのは、全国に三十二ある一人区だ。第一次安倍政権が退陣に追い込まれる契機になった二〇〇七年の参院選では、民主党など野党系が一人区で二十三勝六敗と圧勝したのに対し、第二次安倍政権下の二〇一三年の選挙では、逆に自民党が二十九勝二敗とほぼ総取りした。野党が一人区を取るために不可欠なのが、候補を一本化して自民党と一対一の構図に持ち込むことだ。

しかし、立憲前代表の枝野幸男は他人事のように分析してみせた。

「今回、野党は選挙区のすみ分けはできない。私も福ちゃん（福山哲郎前幹事長）もいなくなったから、共産党とのパイプがなくなった。共産党は国民民主党の候補にはぶつけてくるだろうし、維新も一人区に候補を出してくる。野党の一本化は無理だから、うちは厳しいだろうね」

この言葉通り、共産党は二〇二一年末からすでに一人区への候補者擁立を始めている。これは立憲に対する「脅し」だった。共産党としては、衆院選で合意した「閣外協力」を反故《ほご》にしようとしている立憲新執行部に対して、「共産党との共闘路線を捨てるなら、ガチンコになるぞ」と踏み絵を迫っているのだ。

優柔不断な新代表（泉健太）

こうした苦境の中、前章で見たように、新代表の泉健太は確固たる方針を打ち出せないでいた。立憲関係者は苛立《いらだ》ちを露わにした。

「泉はブレすぎている。『提案路線だ』と言いながら、結局、役所をつるし上げる野党ヒアリングもやめられないし、『共産党との関係を見直す』と言いながら、共産党と会話をしようともしない。中身がない男だから、存在感すらない」

おそらく国民の大多数は、いまだに新しい立憲代表の顔も名前も記憶していないだろう。二〇二二年一月十一日に発表されたNHKの世論調査で、立憲の支持率は前月から三・三ポイント下落して五・四%。日本維新の会の後塵を拝することとなった。立憲の中堅議員は肩を落とした。

「代表選をやって人事を刷新したのに、効果がまったくなかった。このままでは参院選で維新に野党第一党の座を奪われてしまう」

立憲の迷走を象徴する事件が、一月五日に起きた。東京・荒川区のホテルで開催された連合の新年交歓会。言わずと知れた立憲の支援団体の新年会だが、そこに足を運んだのは岸田文雄総理だった。現職総理として九年ぶりに出席した岸田は、「参院選は重要な選挙だ。政治の安定の観点から与党にもご理解とご協力を賜りたい」と挨拶した。連合に秋波を送ったのだ。

連合幹部も驚きを隠せなかった。

「今までも現職総理が出席することはあったけれど、官房長官や官房副長官まで連れて来たことはない。自民党として、連合の一部を取り込もうという決意の表れなんだろう。そもそも、組合員の六割以上が自民党に投票しているからね」

この場で、泉は挨拶をすることも許されず、幹事長の西村智奈美も所在なげに立ち尽くすばかりだった。

連合会長の芳野友子は周辺に対し、泉への不満を漏らした。

「泉代表は、連合がこれだけ共産党との決別を迫っているのに、いまだに何の説明にも来ない。あまりにも不誠実だ」

どっちつかずの泉にしびれを切らしていたのだ。参院選においては、比例区では連合は複数の組織内候補を擁立するため、衆院選以上の集票力を発揮する。立憲にとっては本来、頼みの綱の存在だが、優柔不断な泉の対応に隙間風は強まるばかりだ。

お得意のブーメラン

弱り目に祟り目とはこのことだろう。二〇二二年一月五日、インターネットメディア「Choose Life Project」(CLP)に出演するジャーナリストの津田大介や東京新聞記者の望月衣塑子らが、CLPに立憲民主党から「番組制作費」として一千万円以上が流れていたことを暴露したうえで抗議を行った。

「自由で公正な社会のために、公共のメディアを目指す」と標榜《ひょうぼう》しながら、「生活保護は権利です」「なぜ女性議員は増えなければいけないのか?」などとリベラル色の濃い発信を繰り返してきたネットメディアと立憲との不適切な関係が明らかになったのだ。立憲は、自民党が「Ｄａｐｐｉ」なるツイッターアカウントを通じてネット工作をしていると疑惑を追及してきたが、いつものブーメランが炸裂した格好だ。

資金が供与された当時、代表だった枝野は周辺に対して「何も問題はないだろう」と強弁した。幹事長だった福山はコメントを発表した。

「ＣＬＰという、フェイクニュースに対抗するメディアの理念に共感したため、広告代理店と制作会社を通じて番組制作を支援した。理念に共感して、自立までの間の番組制作一般を支援したもので、番組内容などについて関与したものではない」

こうした釈明に、自民党幹部は猛反発する。

「うちの党からＤａｐｐｉにカネが支出されていたことは一切ない。立憲は政党としてネットメディアにカネを流し、それを隠蔽しながら中立を装って、自らの主張を垂れ流してきた。どちらが悪質かは明白だろう」

枝野や福山は「番組内容に関与していない」と正当化するが、メディアが自らのスポンサーを批判することなどできるだろうか。当時の立憲は、資金不足に喘《あえ》ぎ、無駄な支出をする余裕などなかったはずだ。何の思惑もなく、千五百万円ものカネを費やしていたはずがない。

立憲ベテラン議員が肩を落とす。

「これは立憲の幹部職員と福山の二人だけで決めたことで、他の誰にも知らされていなかった。完全に枝野・福山の独裁体制の弊害《へいがい》だ。これでは通常国会で、うちは自民党を追及するどころか、返り討ちにあってしまう。予算委員会でも戦えないよ」

結局、立憲の西村幹事長は記者会見で「反省すべきことだ」と述べたものの、福山については「違法性はない」として処分しない考えを明らかにした。これまで、違法性のない政府与党の〝疑惑〟をどれだけ糾弾してきたことか、自らの胸に手をあてて考えた方がいい。

玉木「起死回生」の一手

泉にとって、もう一つの頭痛のタネが国民民主党代表の玉木雄一郎だ。泉は参院選に向けて、「国民民主党との協力を最優先で進める」と述べたものの、裏では「玉木との付き合い方がわからない」と頭を抱えていた。

玉木は二〇二一年秋の衆院選で、議席を公示前の八議席から十一議席に増やしたことで、「立憲・共産の選挙協力と一線を画したことが奏功した」との意を強めていた。しかし、国民民主にとっても高いハードルとなっているのが、今夏の参院選だった。全国比例で組合系の候補を四人擁立する予定だが、これまでの得票数では当選するのはせいぜい二人。何らかの策を打たなければ、大打撃を被るのは確実だった。

そこで、衆院選後に国民民主が擦り寄ったのが、大躍進を遂げた維新だった。国会で「統一会派」を組むことを水面下で提案したのだ。とくに幹事長の榛葉賀津也《しんばかづや》や前原誠司は、維新との合流に前のめりとなった。しかし、組合との対決姿勢を貫いてきた維新にとって、国民民主と組むメリットはほとんどない。

維新に袖にされた国民民主が、次に頼ったのが東京都知事の小池百合子が特別顧問を務める都民ファーストの会だった。都民ファ代表の荒木千陽は、衆院選直前に国政政党の立ち上げを発表しながら、候補者を集めることができず、断念に追い込まれるという〝赤っ恥〟をかいたばかり。国政進出という野望を燃やす荒木にとって、国民民主との連携は渡りに船。都民ファは連合東京とは良好な関係を保っていたし、そもそも国民民主の前身は小池が立ち上げた「希望の党」である。

国民民主関係者は、今年初頭の段階では、二月十一日の党大会に合わせて、両党が合流すると明言していた。

「都民ファーストの都議たちを全員、国民民主党に入党させる手はずになっている。共産党との連携に反対している立憲議員も受け入れる。そこに維新も合流させて、政権交代可能な第三極をつくる」と豪語していた。

こうした動きを立憲議員は懐疑的に見る。

「そもそも、都民ファーストにそこまでの力はない。玉木と荒木が組んで、国民的な人気が出るとは思えない。小池を引っ張り出せるかどうかが焦点だが、体調不良の小池がこの泥船に乗っかることはないだろう」

二月十一日の国民民主党の党大会でも、「都民ファーストの会」との合流については、活動方針に盛り込まれなかった。玉木は会見で、「粛々と進めている」と語り、参院選の東京選挙区では「統一候補で一緒に戦いたい」と述べたにとどまった。

都民ファの荒木千陽は今夏の参院選東京選挙区（改選六議席）に出馬することを正式に

表明(三月一日)。都民ファと国民民主は相互推薦することになったが、実質、東京選挙区だけでの協力にとどまり、効果は限定的だ。

そこには「議席獲得」だけの「選挙協力」が先にあるだけで理念も何もない。結局、私利私欲のための離合集散が繰り返されるだけだ。

維新の松井一郎代表も、こう批判した。

「政策の一致がない野合談合には与《くみ》しない。希望の党と何が違うのか、説明する必要がある」

一方で、党勢を拡大している維新も盤石ではない。先の衆院選で初当選した新人議員は強い懸念を抱いていた。

「うちの党は、あまりに脆《もろ》すぎる。これまで橋下徹と松井一郎という強烈なカリスマの求心力で結束してきたが、議員の数が膨れあがり、ガバナンスが利かなくなっている。『大阪維新の会』と国会議員団の関係は険悪だし、維新の名前だけで当選してきた議員は、資質も酷い。参院選までは、これまでの勢いで勝てるだろうけど、参院選後は党が分裂するかもしれない」

確かに、維新議員をめぐるスキャンダルは後を絶たない。今年に入っても、金融資産課税をめぐり、同じ維新の衆院議員の足立康史と政調会長の音喜多駿がネット上でバトルを繰り広げるなど、内輪揉めも露呈している。このままでは、早晩、国民から寄せられた期待が失望に変わってしまうだろう。

国民民主党は前述の通り、二月二十二日の衆院本会議で二〇二二年度予算案に賛成するという奇手を使ってみせた（参議院でも同様に賛成）。今夏の参院選へ、与党の政策決定に「関与」することで少数野党の存在感をアピールする狙いがあったとはいえ、これで立憲民主との対立はますます加速されることになっていった。

「聞く力」だけでなく

そうした野党の分裂や体たらくを尻目に、当初は、岸田総理は政権基盤を盤石にしていた。二〇二二年一月十七日に掲載された読売新聞の世論調査で、内閣支持率は六六％と政権発足三カ月にして最高値を更新した（その後、支持率は徐々に逓減していたが、それでも各種世論調査でも過半数を超える支持率を得ている）。立憲幹部がため息交じりに漏らした。

「岸田さんになって、野党としては本当に攻めづらい。政策を朝令暮改しても『聞く力』ですべて誤魔化してしまうし、攻撃材料もない」

新型コロナの水際対策や大学入試での対応に関しても、打ち出した政策が批判を浴びれば、すぐに方針を撤回するという〝柔軟さ〟が国民には好印象を与えているのだろう。前章でも触れたように、岸田総理は、トップダウンで政策を遂行してきた菅政権がなぜ失敗したかを分析し、その轍《てつ》を踏まないよう反面教師にしているという。「常に最悪の事態を想定した危機管理」を謳《うた》うが、正念場はこれからだろう。

オミクロン株の拡大により、メディアは必要以上に危機を煽っている。こうしたなかで求められるのは「最悪の事態の想定」ではなく、「科学的かつ客観的な証拠に基づいた想定」による対応にほかならない。政治的な批判を国に転嫁したい知事たちや、センセーショナルな発信で国民を煽りたいメディアや専門家の感情的な「最悪の想定」に流されて、不必要な社会活動の制限に踏み切れば、この国は世界から取り残されてしまう。岸田が昨年夏に総理の座にあったら、「最悪の事態を想定して」専門家の助言や野党の主張に耳を傾け、東京五輪を中止していたのではないか。

いま求められるのは、まずはワクチン追加接種の加速化の徹底であり、感染抑止と社会経済活動の両立を図ることだろう。岸田総理は「聞く力」だけでなく、強い実行力を見せるときだ。

第四章 「枝野・蓮舫」が表舞台から消えた理由

「無難な男」泉健太新代表による「立憲のイメージ一新」戦略は奏功するか？　するわけなかった！

立憲代表選の「盛り下がり」

二〇二一年十一月二十五日夕方、横浜市で立憲民主党代表選の最後の街頭演説会が行われていた。候補四人の演説が終わると、現場で取材していた大手新聞社の女性記者がため息交じりに毒づいた。

「これじゃあ原稿の書きようがない」

この記者が嘆くのも無理はない。四人の候補が主張する政策にはほとんど差がなく、肝心の共産党との共闘関係についても「見直すべきだが、間違いではなかった」などと一様に言葉を濁《にご》すだけ。候補者たちは出演したテレビ番組でも「総選挙を同じ公約で戦った直後なのだから、政策が似通うのは当たり前だ」と口を揃えたが、野党関係者は呆《あき》れてみせた。

「その政策が国民に受け入れられなかったから、総選挙で惨敗したんだろ。だったら、それぞれが『共産党とは決別する』『いや共闘路線は維持する』などと、独自の主張を戦わせなければ代表選をやっている意味がない。自民党総裁選（二〇二一年九月）の方が、よっぽど政策論争が激しかった」

案の定、テレビのニュースやワイドショーは「オミクロン株」一色で、立憲の代表選を扱う番組はほとんどなかった。日本維新の会幹部はあざ笑った。

「これで支持率が上がるはずがない」

その言葉は現実となる。代表選では決選投票（二〇二一年十一月三十日）の末、政調会長の泉健太が勝利して新体制が発足したが、その直後に行われた読売新聞の世論調査では、前月には一一％だった立憲の支持率が七％へと急落したのだ。これには立憲幹部も「ご祝儀相場はなかった」と肩を落とした。国民は、立憲の新しい執行部に期待どころか、関心すら持たなかったのだ。

泉健太は「無難な男」

なぜ泉が新代表に選ばれたのか。泉は二〇二〇年九月に行われた代表選にも出馬していたが、枝野に惨敗した。立憲のベテラン議員が泉について解説する。

「泉というのは見た目は爽やかだが、まったく中身のない男なんだよ。逢坂誠二や西村智奈美は左過ぎるし、小川淳也は何をしでかすかわからない危険性がある。泉はこの一年間、政調会長として何の実績もないし、明確な政策すらないが、最も無難な男だったということだ」

選挙戦において最も注目されたのは、ドキュメンタリー映画（『なぜ君は総理大臣になれないのか』）にも取り上げられ、一定の人気を博していた小川だった。その小川を推したのは、代表代行の蓮舫や幹事長代理の手塚仁雄ら野田佳彦グループ。小川を代表にすることで、立憲の人気を一気に回復しようという目論見だった。

一方の泉陣営を支援していたのは、誰あろう小沢一郎だった。泉は終始、優位に戦いを進めてきたが、小沢みずからホテルニューオータニにつくられた選対本部に顔を出しては「油断するな。引き締めろ」などと檄を飛ばしていた。小沢にとって泉は「担ぎやすい軽い神輿《みこし》」だった。

水面下では小沢らしい手練手管を弄《ろう》する。四人で争われた代表選では、一回目で過半数をとるのは難しく、上位二人による決選投票になることが確実視されていた。そこで、小沢は逢坂を擁する党内最大派閥「サンクチュアリ」に裏取引を持ちかける。それは逢坂が三位になった場合に、決選投票で泉支持にまわれば「逢坂幹事長」を確約するというものだった。

一方の小川陣営も、二位を確保できれば逢坂・西村と「二位三位四位連合」を結び、泉を逆転できると踏んでいた。党員票や地方議員票では、小川が他の三人を引き離せるとの計算があった。

しかし、実態は大きく異なっていた。立憲の党員のほとんどは、自治労や旧社民党支持者など〝左巻き〟ばかり。ここで逢坂が小川を引き離したことで、小川は三位へと沈んだのだ。結局、決選投票では小川陣営の票が泉に流れ、泉勝利へとつながった（決戦は泉２０５ポイント、逢坂１２８ポイント）。

新代表に就いた泉は、執行部の半数に女性を起用して刷新感をアピールした。そして、立憲内では「泉が功労者の小沢を、選挙全般を取り仕切る『総合選対本部長』に任命するのではないか」との噂が駆けめぐった。永田町の亡霊が蘇《よみがえ》ろうとしているとすれば、それは悪夢でしかない。

しかし、前述の通り、泉は実際には〝小沢外し〟に舵を切り、二〇二二年二月二十七日の党大会で、総合選挙対策本部の本部長代行には岡田克也・元外相や玄葉光一郎元外相を起用することとなった。これにより、党内に新たな火種を抱え込むことになったのだ。

外された旧民主党の面々

ともあれ、新代表の泉は立憲をどのように変えようとしているのか。立憲幹部の一人が明かす。

「とにかく枝野、福山哲郎、蓮舫、安住淳ら旧民主党幹部らを表に出さないようにする。臨時国会では、予算委員会でも一切、質問には出させない。そうすることで、立憲のイメージを一新しようということだ」

この言葉通り、枝野らは表舞台から姿を消すこととなった。枝野は二〇二一年十一月末から、コロナで自粛していた趣味のカラオケを解禁し、連日、アイドルグループの歌を熱唱しているという。枝野は周辺に語った。

「私は代表選なんて興味ないから、新聞も読まないしニュースも見ない。いったん休憩させてもらうよ。どうせ誰が代表になったって参院選も勝てるわけがないんだ」

枝野は総選挙の惨敗について、「共産党が『政権交代だ』なんて本気になったのが誤算だった。政権交代なんてできっこないんだから、閣外協力なんてどうでもよかったのに」と語り、その責任を共産党に押しつけた。

枝野や蓮舫は、「どうせ泉体制は、二〇二二年夏の参院選までしかもたない」と考えている。その後もう一度、自分たちの出番が来ると真剣に信じているのだ。

確かに、泉を待ち受けるのは茨《いばら》の道だ。前章でも述べたように、共産党と連合の板挟みで、今夏の参院選をどう切り抜けるかが最大の関門である。泉は代表就任直後の記者会見では、共産党との〝閣外協力〟について完全に白紙であることを強調した。

「前回の総選挙に向けて交わしたものと理解していて、現時点で何かが存在しているということではないと思っている」

共産党委員長の志位和夫はこの三十分後、共闘態勢は維持されていると釘を刺した。

「政権協力の合意は公党間の合意で、合意に基づいて衆議院選挙を戦った。我が党としてはこれを誠実に遵守《じゅんしゅ》していきたいし、立憲民主党にもぜひそういう立場で対応してもらいたい」

立憲の中堅議員が本音を漏らす。

「我々としては、共産党には黙って候補者を下ろしてほしいのが正直なところ。共産党からは票をもらってしまったから、いまさら関係をご破算とは口が裂けても言えない。だけど、総選挙もうまくいかなかったんだから、空気を読んでもらって、閣外協力はなしということにしてほしい」

今夏の参院選、雌雄《しゆう》を決するのは全国に三十二ある一人区だ。ここで共産党には候補者を下ろしてもらい野党候補を一本化したい。しかし、「閣外協力」を前面に押し出せば無党派層が離れてしまうから、その約束はなかったことにしてほしい――それが立憲の本音なのだ。

泉には、共産党への接近を「あり得ない」と断罪する連合に気を遣いながら、共産党との選挙協力を実現するという、難解な連立方程式を解くことが求められるが、前述したようにその対応はまったくチグハグでうまくいっていない。

福山哲郎がピンチ

今回の参議院選挙で、生きるか死ぬかの危機に直面する男がいる。立憲前幹事長の福山哲郎だ。枝野・福山のツートップによる〝独裁体制〟を築いてきたが、福山も総選挙敗北の責任をとり無役となっていた。今度の参院選で改選を迎える福山だが、自身の京都選挙区で異変が起きていた。

二人が当選する二人区である京都選挙区は、これまで福山と自民党議員が議席を分け合ってきたが、ここに勢いを増す維新が候補者擁立に向けて準備を始めたことがわかったのだ。維新の馬場共同代表は「京都には、強力な候補を用意する」と息巻く。

慌てた福山は、幹事長を退任する直前に、ちゃっかり自身に対して党の公認をいち早く出したのだ。

これが支援組織である連合には寝耳に水だった。連合の基本方針は「立憲と国民民主で話し合ったうえで、一本化した候補に推薦を出す」というもの。しかし、福山は関係が悪化している国民民主の京都府連会長である前原誠司とは完全に没交渉となっていた。国民民主は前回の参院選の静岡選挙区で、現職候補（榛葉賀津也）がいたにもかかわらず、立憲が対立候補（徳川家広）を擁立してきた恨みを忘れていない。京都は格好の〝復讐の場〟となっているのだ。さらに、福山にとって頭が痛いのは、京都に強い勢力を有する共産党の存在だ。連合関係者はこう分析する。

「共産党が候補を下ろさなければ、福山は確実に落選するよ。候補を下ろしたとしても、前原が維新を応援すれば自民・維新の候補が当選して、福山は議席を失うだろう。今度の参院選で一番注目しているのは京都選挙区だ」

立憲新代表の泉は、実は福山の元秘書である。恩人の危機を救うため、共産党に頭を下げて候補者一本化に乗り出す可能性も否定できない。共産党に強気に出られるのは、今のうちだけなのかもしれない。

動き始める憲法審査会

二〇二一年十二月九日、国会内では憲法審査会の与党幹事による懇談会が開催されていた。これまでは自公の幹事に加えて、憲法改正に前向きな維新が参加して、憲法審査会の運営について協議を行う場だったが、ここに国民民主党代表の玉木雄一郎が参加したのだ。玉木は記者団にこう話した。

「我々は与党ではありませんが、憲法の議論については積極的にやっていこうと考えている。とにかく憲法審査会を開くな、議論をするなという勢力とは一線を画していきたいと思う」

臨時国会においても、毎週木曜日の定例日に審査会を開催すべきだと主張したのだ。至極まっとうな意見である。一方でこの日、共産党の志位は記者会見で、玉木の動きに釘を刺した。

「これは大変危険な道にのめり込みつつあるなと考えている。憲法審について、動かす必要がないというのが私たちの断固たる立場だ」

国民の代表である国会議員が、国会の場で民主的な議論を行う。それのどこが「危険な道」なのか。

ここでも立憲民主党は、共産党に追随するのかという踏み絵を迫られているのだ。早くも泉新体制の真価が問われたのだが、現時点まで、立憲は、この問題では共産党と離れずついていく形で、審査会の開催には後ろ向きのままだ。その間に、国民民主は前述したように、二〇二二年度予算案に賛成をした。

第五章　立民の「ホープ」(?)小川淳也の〝すがりつき奇行〟

立憲「希望の星」小川淳也が、維新幹事長に泣きつく情けない姿を激写されて世間の物笑い？

辻元清美の涙

二〇二一年十一月上旬、東京千代田区の連合本部を訪れたのは立憲民主党副代表の辻元清美。連合会長の芳野友子らに支援の御礼をすると、目に涙を浮かべた。

「まさか、こんなことになるとは思わなかった。集中砲火を浴びてしまった。大阪は異常な状況でした」

これまで選挙で安定した強さを誇っていた辻元だったが、二〇二一年秋の総選挙では小選挙区で日本維新の会の候補に敗れ、比例復活すらできずに落選した。一時は「社民党のジャンヌ・ダルク」ともてはやされた〝ブーメランの女王〟も、この日ばかりは肩を落として「いったん撤退します」と力なくつぶやいた。

まさかの敗戦は辻元だけではなかった。「無敗の男」と称えられた中村喜四郎、「選挙の神様」と呼ばれた小沢一郎は二人とも小選挙区で敗北（二人は辛うじて比例復活当選）。国対委員長・安住淳の右腕で、「桜を見る会」騒動では「安倍元総理が前夜祭で『久兵衛』の高級寿司を提供した」なるデマを拡散した黒岩宇洋も落選。選挙対策委員長を務める平野博文までもがあえなく落選するという波乱続きとなったのだ。

選挙前、立憲代表の枝野幸男は「百四十議席はとりたい」と意気込んでいたが、フタを開ければ十四議席を減らして九十六議席。惨敗を喫した枝野は、選挙後に召集された特別国会の最終日に代表を辞任した。立憲の結党以来続いてきた「枝野独裁」がついに終焉を迎えたのだ。

「立憲は麻薬中毒」

立憲の敗因は明確である。第一に、政権批判一辺倒の無責任野党に対する国民の嫌気。第二に、「立憲共産党」という禁じ手の失敗だ。枝野は小選挙区で票をとれない連合を袖《そで》にし、確実に数万票が見込める〝リアルパワー〟共産党との共闘路線に舵を切った。そして、政権を奪取したら共産党と「閣外協力」を行うという、禁断の領域に足を踏み入れてしまったのだ。その代償が立憲の惨敗と枝野の代表辞任だった。

枝野の辞任を受けて行われる立憲代表選には、前述した通り、小川淳也や泉健太、西村智奈美らが出馬した。出馬に際して、各メディアは「争点は共産党との共闘路線の是非だ」と報じていたが、連合関係者はかぶりを振る。

「立憲が共産党と決別することはできないよ。衆院選で当選した議員のほとんどが、共産党から票をもらったからこそ勝てた人たち。立憲議員たちは、もはや共産党なしでは戦えなくなってしまった。麻薬中毒みたいなものだよ。誰が代表になっても、共産党との共闘路線は変わらない」

この言葉には説得力があった。立憲議員の本音は、共産党の機関紙「しんぶん赤旗」を見れば明らかだ。二〇二一年十一月六日の赤旗の二面にはガッツポーズをするスーツ姿の五人の男の写真が大きく掲載されている。見出しには「『共闘この道しかない』立民議員、党都委員会を訪問」なる文章が躍り、東京の選挙区で勝ち上がった立憲の手塚仁雄や山岸一生、鈴木庸介らが共産党都委員会に〝御礼参り〟する様子が克明に記されていた。

記事によると、手塚は「東京での成果を見れば、この道しかないと改めて思った。今後も共闘路線を進めていきたい。これをスタートラインにしたい」と語ったのに対し、共産党側は「わが党の議席を増やすことができなかったことは残念だが、皆さんの当選は自分たちの勝利だと受け止めている」と歓迎した。

二〇二一年十一月三日の「赤旗」には、長野一区二区の立憲議員が共産党長野委員会を、五日には立憲の北海道一区の候補が共産党道委員会、七日には大阪十六区の立憲議員が共産党堺地区委員会を訪問した様子が写真入りで掲載されるなど、連日、立憲議員が共産党をお礼参りする姿が証拠つきで赤旗に載せられているのだ。

立憲の閣僚経験者が悪びれずに苦言を呈する。

「俺も選挙後には、共産党には欠かさず御礼に行っているが、バレないように裏口から入る。写真だけは撮られないように気を付けているよ。みんな脇が甘いんだ」

立憲議員たちが共産党と決別できないことは、火を見るより明らかだ。彼らはすでに共産党の術中にはまっている。

小川が代表だったらヨカッタのに?

〝共産党中毒〟を体現しているのが、次期代表候補の最右翼と目されたこともあった小川淳也だ。選挙を題材にしたドキュメンタリー映画『なぜ君は総理大臣になれないのか』で大々的に取り上げられた小川は一躍、野党の「希望の星」となった。香川一区では、地元メディアのオーナーである自民党議員と戦い、自身は家族四人で2LDKのアパート暮らし。判官贔屓《ほうがんびいき》を追い風に今回、念願の小選挙区での勝利を果たした。

しかし、小川を語るうえで忘れてはならないのは、誠実で熱血漢というキャラクターの陰に隠れた共産党との距離の近さだ。二〇一六年の参院選で、当時は民進党の香川県連代表だった小川は、香川選挙区の野党候補を共産党の候補者に一本化した。全国広しといえど、共産党の候補者に一本化したのは香川だけ。その動機は明確である。自身の衆院選の選挙区で共産党に候補者を降ろしてもらうために貸しをつくろうという魂胆だった。

小川は野党第一党の代表が務まる器なのか。今回の衆院選で大躍進を遂げた日本維新

維新・馬場伸幸幹事長に泣きつく立憲・小川淳也議員

の会の中堅議員は高笑いした。

「小川が代表になってくれたらオイシイな。徹底的に〝立憲共産党〟と攻撃できるし、あの写真も使える」

「あの写真」とは、二〇二一年十月十一日に国会内の維新の国対控え室で撮影されたものだ。岸田総理への代表質問が始まったこの日、維新は所属する衆院議員全員を集めて代議士会を開催していた。代議士会の終了後、ここに単身乗り込んで馬場伸幸幹事長の腕にすがりついた男がいた。小川にほかならない。突然の事態に戸惑う馬場の腕を揺さぶりながら、小川は涙声で訴えた。

「馬場さん、一緒に自民党をやっつけましょうよ。野党は統一候補でやってきたじゃないですか。維新は候補者を降ろしてくださいよ」

香川一区に維新が擁立した候補を、小川のために降ろせというのだ。だが当然、野党共闘路線と一線を画す維新としては、小川に義理立てする理由などない。馬場幹事長は駄々っ子を諭《さと》すように突き放した。

「そんなもん、うちの党には関係ないですよ」

一連の小川の〝奇行〟は、「国会の爆弾男」こと足立康史がしっかりとスマホで激写。ツイッターにも投稿された。

まったく別の政党に候補者の取り下げを直談判するなど、正気の沙汰ではない。節操のない子供じみた行動しかできないのは、いかにも立憲の議員らしい。立憲のベテラン議員は自嘲する。

「小川が代表の器であるはずがない。それでも、彼が代表候補になれるぐらい立憲には人材がいないんだ」

こんな政党が政権交代を訴えて総選挙に臨んでいたのだから、有権者が背中を向けて逃げたのも当然だろう。二〇二一年十一月十日、十一日に日経新聞が行った世論調査で、立憲と共産党の選挙協力について五六%が「やめるべきだ」と答え、「続けるべきだ」の二五%を大きく上回った。そして、立憲の政党支持率は維新に逆転され、野党で第二位へと転落した。

国民民主は立憲を見限り自公政権入り？

こうした立憲の凋落を尻目に、動きを見せたのが国民民主党代表の玉木雄一郎だった。その経緯を少し振り返っておこう。

二〇二一年十一月四日、玉木は記者団に対して、「民意が期待しているのは対決より解決だ」と鼻息荒く語り、立憲・共産・社民との国会対策での協力の枠組みから離脱することを宣言した。役人いじめと悪名高い「野党ヒアリング」への不参加も明言した。玉木は立憲との関係について、「これまでのように共産党とべったりであれば、お付き合いは難しい」と突き放した。

こうした動きの背景には、国民民主の支援組織である旧同盟系の民間労組の意向が強くあった。自民党のベテラン議員が解説する。

「二〇二一年秋の衆院選で民間労組の多くは、共産党と一体となる立憲を見放し、自民党の応援にまわった。実際に、愛知ではトヨタ労組の幹部が自民党候補の応援に入っていたし、電力労連の幹部も自民党を応援していた。自民党は、民間労組を半年以上かけて説得してきたからね。だから、立憲から大量の組合票が引きはがされたんだよ」

もともと民間労組に所属する組合員は、近年の選挙で立憲や国民民主ではなく、自民党に投票する割合が最も多くなっていた。そこに立憲の野党共闘路線がダメ押しとなった。愛知十一区では、選挙直前になりトヨタ労組出身の古本伸一郎が出馬の取りやめを発表した。

連合関係者によると、古本が立憲会派に加わったことに激怒したトヨタ労組が、古本を引きずり降ろしたのだという。愛知は組合が強い「野党王国」とも呼ばれ、二〇〇九年の衆院選では旧民主党が十五選挙区を独占したほどだ。それが今回、自民党の十一勝四敗となった。ＥＶ化への対応など自動車産業が岐路に立つなか、労使が選挙をめぐって対立している場合ではない。組合員は、自分たちの給料を上げてくれるのは組合でも野党でもなく、自民党政権だということを身をもって知ってしまったのだ。

国民民主関係者はこう指摘する。

「連合は、本来の労働者の待遇と職場環境の改善という使命に立ち戻り、政治からは手を引くべきだ。今後はそれぞれの産業別に政治活動をやればいい。このままでは連合が分裂するよ」

一方、自民党関係者が視野に入れるのは、国民民主党を取り込んだ新たな連立政権だ。

「国民民主党が自公連立に加われば、政権はさらに盤石となる。そうすれば、二〇二二年夏の参院選でも、国民民主の組合系議員は比例で全員当選できるだろう。これはウィンウィンの関係だよ」

あとでも詳述するが、枝野が食らった〝毒まんじゅう〟(共産党との共闘)の代償は大きい。挙げ句の果てが、二〇二二年の通常国会における国民民主党の予算案への賛成である。

コロナ専門家の厚顔無恥

二〇二一年十一月八日、久しぶりの顔がニュースに登場した。新型コロナ対策分科会の尾身茂会長が記者会見に臨んだのだ。

「数週間後の医療逼迫《ひっぱく》を継続的に予測し、先手を打ち、必要な対策を講じていきたい」

尾身はこの日、感染状況を評価する新しい指標を発表し、新規感染者数を重視してきたこれまでの四つの「ステージ」から、医療逼迫の状況を勘案する五つの「レベル」に分けることを発表した。

会見を聞いたある閣僚経験者は怒りをあらわにした。

「尾身会長がまず明らかにするべきは、なぜ感染者数の急減が起きたかという分析じゃないのか。『ステージ』を『レベル』に変えても感染拡大は予防できない。科学者なら科学的な分析で、感染拡大の具体的な原因と急減の要因を明らかにするべきだろう。恥ずかしくないのか」

国立感染症研究所の脇田隆字《わきたたかじ》所長は会見で、二〇二一年九月以降の感染激減の要因について「国民の皆さまの協力、ワクチン、人流の減少」と説明した。しかし、緊急事態宣言下においても九月以降、人流は増加を続けていた。ルールを破って居酒屋に足を運ぶ人たちの数が増える一方だったのは、誰もが知っている事実だ。

にもかかわらず、専門家は「政治のメッセージが足りない」と菅前政権への批判を続け、東京五輪についても「普通はやらない」などと中止を求めた。専門家の意見を鵜呑みにしない菅前政権の転覆を訴えた「八割おじさん」こと京大教授の西浦博も一時、すっかり影を潜めていた。

コロナの感染が二〇二一年後半から二〇二二年初頭にかけて一時的にせよ、収束したのは、ワクチンのおかげだということは論を俟《ま》たない事実だろう。二〇二一年秋の衆院選で、菅前総理は全国各地で応援演説にまわったが、多くの国民が菅のもとに駆け寄り、「菅さんありがとう」とねぎらいの言葉をかけた。国民はようやく、ワクチン接種の加速化に邁進した菅が正しかったとわかったのだ。

岸田政権には野党の体たらくに甘えている暇などない。岸田総理が真っ先にやるべきは、分科会メンバーの刷新である。そして、新型コロナウイルスを指定感染症から外すか、指定レベルを下げるという決断を下すべき時に来ているのではないか。

第六章　枝野が食らった〝毒まんじゅう〟の後遺症

枝野幸男は先人たちが決して侵さなかったタブーの領域に足を踏み入れてしまった

小池百合子の自民党「乗っ取り」計画に永田町が震撼？

今から考えると、お笑い種ではあるが……。二〇二一年秋の総選挙の前に「すわ、一大事発生か？」という「事件」が永田町であった。それを少し振り返っておこう。

二〇二一年十月三日午後二時、東京・千代田区のホテルニューオータニの宴会場フロアは、結婚式に向かう参列者たちが行き交い、華やかな雰囲気に包まれていた。そんななか、ある一室だけは異様な光景が広がっていた。

東京都知事の小池百合子さながらの緑の上下スカートスーツに身を包み、引きつった笑顔で報道陣の写真撮影に臨んでいたのは、「都民ファーストの会」代表の荒木千陽都議。

この日、国政政党「ファーストの会」の立ち上げを記者会見で発表した荒木だったが、会見終了直後からフリージャーナリストの罵声を浴び続けていた。

「四年前の反省が何もないじゃないですか！　自民党を利するだけじゃないですか！」

この二日前、都民ファーストの会から突然、メディア各社に対して「国政政党の立ち上げについて」という記者会見の案内状が送られた。それを見た全員の脳裏をよぎったのが、四年前の「希望の党」騒動だった。

二〇一七年九月、当時の安倍首相が衆議院の解散を決意した直後、小池は「希望の党」の結党を発表。当時の野党第一党・民進党を丸呑みし、小池フィーバーを背景に自民党を脅《おびや》かすかと思われたが、リベラル系議員に対する「排除」発言で急失速。結局、希望の党は惨敗し、排除された枝野幸男らが立ち上げた立憲民主党に野党第一党の座を奪われた。

その小池が特別顧問を務める都民ファが、また二〇二一年秋の衆院選直前に仕掛けるというのだから、そのときの永田町が大騒ぎとなったのは当然である。「国民民主党との連携の動きがある」「鳩山友紀夫がスポンサーになっている」などの噂が飛び交い、会見の内容が注目の的となった。

しかし、会見で荒木は新党名を「ファーストの会」とし、自らが代表に就くことを発表しただけで、どんな政策を掲げるのか、何人の候補者を擁立するのかなどを一切、明らかにしなかった。

肝心の小池との関係について、荒木は次のように説明した。

「結党に向けて、小池百合子特別顧問にも相談させていただいていました。先般、小池知事は会見において出馬しないということでしたが、出馬の要請もしていません」

東京都内の二十五の小選挙区への候補者擁立を目指して、候補者の公募を行うことを明らかにしたが、結局、一人の候補者の実名も挙げることはなかった。まったくの生煮えの会見で、準備不足は明らかだった。しかし、与党関係者はこう分析した。

「小池の許可なく、荒木だけでこんな決定をできるはずがない。小池は、自民党で二階俊博幹事長が失脚したのを見て、もはや自民党を乗っ取ることはできないと考えたはずだ。だから、国政への足がかりをつくろうというのだろう。間違いなく、何かを企《たくら》んでいるよ」

岸田の乾坤一擲の「小池つぶし」は成功

小池の目論見《もくろみ》を打ち砕く奇襲を仕掛けたのは、新たに第百代総理大臣の座に就いた岸田文雄だった。

二〇二一年十月四日、首班指名が行われる日の朝、岸田は与党幹部に対して「十月十四日に衆院を解散し、十九日公示、三十一日投開票という日程で総選挙を行う」と伝えた。十一月七日の投開票が有力視されていただけに、永田町には衝撃が走った。

岸田としては、新型コロナの感染が再拡大する前に選挙をやりたいという思惑や、内閣発足直後の高い支持率を維持したまま選挙戦に突入したいという狙いがあった。そして、もう一つの目的は「小池つぶし」にほかならなかった。

「ファーストの会」のホームページには、候補者公募についての要項が掲載されているが、申込期間は十月十七日まで。これでは、候補者は公示日の十九日にポスターすら貼ることができない。与野党関係者は、「これでは脅威にならないな」と胸をなで下ろした。結局、岸田の策が奏功して、「ファーストの会」は候補者擁立の断念を余儀なくされた。

この解散判断は、「優柔不断」「3A（安倍元首相・麻生副総裁・甘利幹事長）の操り人形」と揶揄《やゆ》されていた岸田の乾坤一擲《けんこんいってき》の策だった。岸田派の議員は「総理の強いリーダーシップを見せつけた。衆院選に向け自民党にとってはプラスだ」と高く評価した。確かに、総裁選を通じても岸田は大きな変化を見せていた。

失言による河野太郎の自爆

ここで、改めて総裁選挙から直後の衆議院選挙に到るまでの内幕について振り返っておこう。

今回の総裁選（二〇二一年九月二十九日投開票）は岸田にとって、政治生命を懸けた最後の大勝負だった。菅政権の支持率が低迷するなか、いち早く出馬を決めた岸田は〝二階切り〟を宣言し、党内や世論の喝采を浴びた。しかし、菅が立候補断念を決めると状況は一変する。国民人気の高い河野太郎が対抗馬として立候補を決めたからだ。党内きっての人気者、小泉進次郎と石破茂がタッグを組んで河野の応援にまわり、派閥横断で若手議員が支持グループを形成した。河野陣営は「党員票で六割は取りたい。そうすれば一回目の投票で圧勝するだろう」と勝利へのシナリオを描いた。

河野にとって誤算となったのは、ここに高市早苗と野田聖子が参戦し、総裁選が乱戦模様となったことだ。

とくに、「推薦人二十人が集められるのか」と当初は〝泡沫〟扱いされていた高市の勢いは予想以上で、一部の世論調査では岸田を上回る期待を集めた。さらに、安倍晋三が高市陣営の実質的な指揮を執り、細田派や保守系の無所属議員を中心に議員票を取り込んだことで状況は大きく変わっていった。

そこに河野の失言も重なった。河野は若手中堅議員との会合で、政府と党の役割分担に関して「部会でギャーギャーやっているより副大臣、政務官でチームをなかば非公式につくったらどうか」と持論を展開した。消費増税を前提とした年金をめぐる持論や、ニュース番組での不遜な態度についても不評を買った。自民党内からは「党をバカにしている。やはり河野は危ないヤツだ」と強烈な反発が巻き起こり、河野のもとから次々に議員が離れていった。

河野陣営は、小泉や石破らのパフォーマンス頼みで、麻生派の若手を中心とした選対はまったく機能していなかった。党内の第三派閥、竹下派も当初は幹部間で「河野支持でまとめる」と検討されたが、所属議員からの反発を受けて岸田支持へと方針を急旋回させた。

河野太郎の〝自爆〟を尻目に、淡々と選挙戦を進めていたのが岸田陣営だった。岸田は一年前の総裁選での惨敗以降、ボイストレーニングなど演説の訓練を受けたり、綿密な政策を練ったりして周到に準備を進めてきた。総裁選の公示の日には、すでに岸田のパンフレットは百十万人以上の党員・党友の自宅に届けられていた。一方の高市は、「党員名簿を入手できない」と公示日ギリギリまで右往左往するなど、準備態勢に歴然とした差があった。

総裁選当日まで、すべてのマスコミが「一回目の投票では、党員票で圧倒する河野が一位となるが、決選投票になれば岸田・高市が二位三位連合で逆転を狙う」と報じていた。しかし、一回目の投票が終わって選挙管理委員長の野田毅が獲得票数を読み上げると、会場にどよめきが起きた。

驚きを呼んだのは、百二十票は固いとみられていた河野の議員票が、八十六票に終わったことだ。最終盤になって、河野支持とみられていた二階派の一部が造反し、岸田や高市へと流れていた。

結果を確認しておこう。一回目の投票では河野太郎候補が255票（議員票86、党員票169）、岸田文雄候補が256票（議員票146、党員票110）、高市早苗候補が188票（議員票114、党員票74）、野田聖子候補が63票（議員票34、党員票29）となり、有効投票総数762票の過半数を超える得票を得た候補者がいなかったため、一位の岸田候補、二位の河野候補による決選投票が行われることになった。決選投票では岸田候補が257票（議員票249、都道府県票8）、河野候補が170票（議員票131、都道府県票39）となり、岸田候補が新総裁に選ばれた。

第一回投票で岸田が一位を獲得すると予想したメディアは皆無である。岸田派のベテラン議員は胸を張った。「二位三位連合で岸田さんがひっくり返していたら、必ず批判に晒《さら》されただろう。ここで一位になったことで、誰も文句は言えなくなった。奇跡の一票差だよ」

「閣外協力」のまやかし

自民党の総裁選挙があった翌日の二〇二一年九月三十日、立憲民主党代表の枝野幸男は、共産党委員長の志位和夫と国会内で会談した。その後、記者会見に臨んだ志位は高揚感を滲《にじ》ませながら切り出した。

「たいへん重要な合意を得ることができました」

共産党はこれまで、立憲側に対して再三、政権交代後の政権協力のあり方を明らかにするよう求めてきた。「選挙協力」に名を借りて共産党に候補者を取り下げさせようとする立憲の一方的な態度に、共産党の不満は最高潮に達していた。

会談で両党が合意したのは、「新政権において共産党は、市民連合と合意した政策を実現する範囲での限定的な閣外からの協力をする」ということだった。野党が政権交代を果たしたら、共産党は閣僚を出さないものの、連立政権の枠組みには入るということだ。

枝野は、マスコミ各社の記者に対し、「これは〝閣外からの協力〟であって〝閣外協力〟ではない」などと執拗に念を押したが、誤魔化しでしかない。これまで枝野は、連合に対しても「共産党と閣外協力をすることは絶対にない」と明言してきた。いまさら「閣外協力で合意した」とは言えないため、苦し紛れの弁明に追われたのだ。これにはネット上でも、「言葉遊びはやめてほしい」「これで信用しろという方が無理だ」と批判が沸き起こった。

枝野は「限定的な範囲での協力だ」と説明したが、そもそも市民連合との政策合意は、安保法制や特定秘密保護法の廃止から始まり、核兵器禁止条約の批准、辺野古移設反対、コロナ対策の強化、原発ゼロ、消費税減税、富裕層への増税、森友・加計問題の追及など、二十項目の多岐にわたる。こうした分野で閣外協力を図るのだから、限定的な範囲の協力にとどまるはずがない。今後、野党が政権を取った場合には、法案を提出する前の審査を共産党が行い、予算案についても共産党の了承が必要となる。立憲のベテラン議員は頭を抱えた。

「枝野は、ついに毒まんじゅうを食らってしまった。目先の票欲しさで、責任野党の路線を完全に放棄してしまった」

志位は記者会見で、「日本共産党にとっては九十九年の歴史のなかで、こうした合意を得て総選挙を戦うのは初めてのことになります」と誇ってみせた。裏を返せば、枝野は先人たちが決して侵さなかった領域に手を染めてしまったのだ。

新たに連合会長に就任した芳野友子は、記者会見で枝野を突き放した。

「連合はこれまでも共産党の閣外協力はあり得ないと主張している」

「この合意を盾に、立憲の連合推薦候補者の選対に共産党が入り込んで、さらなる共産党政策をねじ込もうという動きがある」

共産党員にとって、ひ弱な立憲陣営を乗っ取ることなど朝飯前なのだろう。連合東京は、立憲の都連会長である長妻昭元厚労相や都連幹事長である手塚仁雄に、「共産党との関係が近すぎる」として、最後まで推薦を出さなかった。

共産党から枝野への"ご褒美"

二〇二一年十月十四日の衆院解散直後、安倍は報道陣を前に熱弁を振るった。

「政治に求められるのは、日本をしっかりと守り抜いていく、生活を守っていく、そして安全保障に責任を持っていくこと。共産党は日米同盟破棄、自衛隊違憲（を主張している）。安全保障政策の根本で全く違う考え方を持っている政党と協力をする。これはまさに選挙のためだけの、談合協力と言ってもいいと思います。連立与党として、この政党に日本の安全を任せるわけには絶対にいかない。もし彼らが政権を取るようなことになれば、日米の信頼関係は根底から崩れていくということになる。そういう政権を許すわけにいかない」

菅政権の退陣で自民党支持率が上昇した一方、立憲の支持率は低迷を続けていたため、一見すると自民党が優位に戦いを進められるように思える。しかし、安倍の熱弁の裏には強い危機感があった。

解散の前日、共産党は立憲と競合していた二十二の小選挙区で追加的に候補予定者を取り下げると発表したのだ。これによって、各選挙区で立憲候補に前回の総選挙で共産党が獲得した二万～五万の票が上乗せされることになる。そうなると、自民党候補は軒並み当選圏外へとはじき出されてしまう。これが「閣外協力」という毒まんじゅうを口にした枝野への、共産党からの〝ご褒美〟にほかならない。枝野の〝英断〟により、かつてないほどに野党の候補者一本化は進んでいた。多くの自民党議員にとって苦しい戦いとなることが、当時は予想されたが、結果的にはそれは杞憂に終わった。別の章でも触れたが、共産党との「共闘」を嫌った立憲支持層が、他の野党（維新、国民民主）などに流れたりしたからだ。ただ、甘利明幹事長の選挙区落選（比例復活当選）や石原伸晃落選（比例復活もならず）などの局地的敗北はあった。

ともあれ、「人の話を聞くこと」が特技という岸田総理に必要なのは、野党との違いを際立たせる政策を次々に打ち出す決断力だ。総裁選で掲げた公約を早々に取り下げるなど、優柔不断な本性を既に露呈させ始めているが、これでは早晩、国民から見放されてしまう。聞くだけだったら誰にでもできる。リーダーに求められるのは決断力と実行力であり、それこそが国民が求める政権与党としての責任の果たし方だ。

すべての声を聞いていたら、永遠に憲法改正などできない。岸田の真価が問われている。

第七章　派閥の効能も知らない自民〝ひよっこ〟の跳梁《ちょうりょう》

自分の選挙のことしか頭にない自民の若手議員の姿は菅義偉の目にどう映ったのか？

度重なる誤算

二〇二一年秋の総選挙の直前の菅義偉の「青天の霹靂」ともいうべき辞任表明の背後に何があったのか。本章では改めてその舞台裏を垣間見てみたい。

「もう戦う気力がなくなってしまいました」

二〇二一年九月三日午前十一時過ぎ、自民党本部四階――幹事長の二階俊博と向き合った菅義偉は、力なく俯《うつむ》いた。

この直後に開かれた自民党の臨時役員会で、菅は総裁選への出馬を断念することを明らかにした。安倍晋三前総理の突然の辞任劇から一年、コロナ禍という難局で政権の舵取りを全力で続けてきた菅を追い詰めたものは、いったい何だったのか。

菅にとって誤算の始まりはデルタ株という厄介な敵だった。「一日百万回接種」「高齢者接種を二〇二一年七月末までに完了」という菅が掲げた目標は当初、自治体や閣僚から猛反発に遭った。しかし、菅の剛腕で総務省や厚労省などの役所を動かし、接種の打ち手を歯科医師などへ拡大。さらに、ファイザー社ＣＥＯとの直談判で、追加の五千万回分のワクチンを確保した。ワクチン接種を諸外国に類を見ないスピードで加速させた菅の頭にあったのは、「東京五輪が開幕する七月末になれば、必ず感染者数は減る」という計算だった。しかし、感染力が従来株と比べて桁違いに強いデルタ株は、その目論見《もくろみ》を打ち砕いた。東京五輪は、緊急事態宣言下での開催という異例の事態となり、専門家やメディアはこれを一斉に批判した。

次の誤算は、緊急事態宣言を二〇二一年九月十二日まで延長せざるを得なくなったことだ。菅はかねて、九月五日のパラリンピック閉会直後に衆議院を解散し、総選挙に勝利した後、自民党総裁選で無投票再選を果たすシナリオを描いてきた。ところが宣言の延長により、「解散よりもコロナ対策を優先」と繰り返し明言していたことが、解散権を縛ってしまったのだ。

さらなる誤算は、同年八月二十二日投開票の横浜市長選。ここで、菅が支援した前国家公安委員長の小此木《おこのぎ》八郎が敗れたことで、自民党内からは「菅総理のままでは衆院選を戦えない」という声が沸き起こったのだ。

菅にしてみれば、不運な結果だった。小此木は自民党内で十分に根回しをせずに出馬を独断で決めてしまい、さらに自民党が進めてきたIR誘致に反対姿勢を示した。このため菅のお膝元である自民党横浜市連は、小此木陣営と現職の林文子陣営に分裂してしまったのだ。菅は恩師（小此木彦三郎）の息子であり、盟友である小此木八郎を応援せざるを得ない。デルタ株が横浜でも猛威を振るうなか、政権への向かい風はそのまま小此木を直撃した。

岸田の「二階切り」

この頃、自民党内で焦点となっていたのは、二〇二一年九月末に予定されていた自民党総裁選の行方だった。菅は周辺に対して語っていた。

「コロナが厳しいときに、総裁選なんてやっている場合ではないだろう」

菅は総裁任期を延長した上で、総裁選を衆院選後に先送りするのが当然だと考えていた。緊急事態宣言が発出されている期間中、政権はコロナ対策に専念すべきだからだ。しかし、自民党内の菅に対する厳しい視線がそれを許さなかった。

立ち上がったのは、二〇二〇年の総裁選で菅に敗れた岸田文雄前政調会長だった。二〇二一年八月二十六日、国会内で記者会見を行った岸田は、前回とは打って変わって自信に満ちた表情で、「日本の民主主義を守るために立候補する」と力強く語った。会場に詰めかけた記者たちを驚かせたのが、「党役員の任期を一期一年、連続三期まで」とする党改革案だった。歴代最長の幹事長として、五年にわたり権勢を振るってきた二階俊博を「切る」という宣言にほかならない。菅はかねて、岸田を「決断できない優柔不断な政治家」と見下し、自分の敵ではないと考えていた。しかし、岸田の「二階切り」は党内で高く評価され、世論調査でも岸田の支持率は急上昇したのだ。

岸田に対抗するため、菅が起死回生の策として水面下で検討を始めたのが、二階を含む党役員と閣僚の刷新人事だった。二階を幹事長から外すだけでなく、河野太郎や小泉進次郎といった〝人気者〟を目立つポジションにつけることで、政権浮揚につなげる狙いがあった。もちろん、総裁選直前の人事は異例であり、党内の反発も予想していた。

菅が最初のターゲットとして狙いを定めたのが下村博文政調会長だった。二〇二一年八月三十日朝、官邸エントランスに現れた下村は、用件を尋ねる記者団に対して「総理に呼ばれました」と首を傾げながら、総理執務室へと向かった。総裁選へ出馬する意欲を燃やしていた下村は、周囲から「総理を支える立場の政調会長でありながら、立候補することは許されない」と猛反対されていた。それでも聞く耳を持たず、出馬に向けて邁進していた。そんななか、菅は下村に選択を迫った。

「総裁選に出るのであれば、経済対策を任せるわけにはいきません。政調会長を続けるか、辞めるか、選んでください」

下村は総裁選に出るために政調会長を辞任するだろう――菅はそう踏んでいた。そうなれば、党役員に欠員が出るため、これをきっかけに人事に着手できるという計算だった。しかし、菅の思惑は外れる。

「政調会長を続けさせていただきます」

それでも菅は、人事を止めるわけにはいかない。この約五時間後、二階を官邸に呼び、菅は党役員人事を断行する考えを伝える。老獪《ろうかい》な二階は、菅の意をしっかりと汲んでいた。

「やるなら思い切ってやればいい。私に遠慮する必要はない」

深々と頭を下げた菅は、心の中で呟《つぶや》いた。

「これで勝てる」

毎日「解散」報道の打撃

その後、ニュースやワイドショーは新しい党役員や閣僚の顔ぶれをめぐる報道一色となった。「新幹事長は河野太郎か石破茂だ」「いや、安倍に近い萩生田光一だろう」「官房長官は小泉進次郎か」――コメンテーターは競って予想を披瀝《ひれき》した。オールスター人事への期待感が膨らみ始めるかに思えた。

そんな期待を砕いたのが、翌三十一日深夜に毎日新聞がネット上に掲載した記事だった。

「菅首相は自民党役員人事と内閣改造を来週行い、九月中旬に衆院解散に踏み切る意向」

この記事は一瞬にして永田町を駆け巡った。衆院選を間近に控えた自民党議員たちが、すぐに反応する。

「菅は、自分の延命のために、我々を犠牲にして解散に突っ込もうとしている」

「身体を張ってでも、菅を引きずり下ろさなければならない」

地中に溜まっていた〝菅おろし〟のマグマが一気に噴き上がったのだ。

菅にとって解散は、選択肢の一つでしかなかった。翌週の人事を受けて党内がまとまらない事態になれば、解散に踏み切ることも厭《いと》わないという方針を、加藤勝信官房長官や二階幹事長に伝えただけだった。しかし、この情報が独り歩きして、「解散の意向」という〝誤報〟に繋がったのだ。

翌朝、菅は官邸でのぶら下がり取材で火消しに追われた。

「最優先は新型コロナ対策だと申し上げてきた。今のような厳しい状況では、解散ができる状況ではない」

それでも、党内の動揺は収まらない。自民党ベテラン議員が「これで菅の人事の打診を受ける人はいなくなっただろう」と指摘するなど、遠心力は加速する。起死回生の人事までもが風前の灯となっていた。

さらなる誤算が、環境大臣である小泉進次郎の動きだった。小泉は菅が目をかけてきた側近の一人であり、菅が実現しようとしていた人事の目玉でもあった。小泉は官邸に五日連続で通い詰めて菅と会談したことが話題になったが、小泉は菅を応援するどころか、「このままではボロボロになって負けてしまう。出馬を見送ったほうがいい」と真逆の説得を行っていたのだ。

菅側近はこう嘆いた。

「小泉がやっていることは完全にトンチンカンだ」

この期に及んで、身体を張ってでも菅を守ろうとする者はいなかった。一部の議員は、総務会で菅の人事を阻止する準備を進めていた。

「このままでは、自民党が大混乱に陥ってしまう」

孤独のなか、菅は退陣を決意したのだ。

派閥政治の終焉

〝ポスト菅〟を狙う総裁選には、岸田文雄前政調会長、高市早苗前総務大臣、河野太郎規制改革担当相が名乗りを上げた。自民党の重鎮議員は「派閥政治の終焉だ」と語った。その引き金となったのが、三回生以下の若手議員の動きだ。

この総裁選の特徴は、間近に衆院選が迫っていること。そのため、議員たちにとって重要なのは、新総裁が〝総選挙の顔〟として相応しいかどうかだけだった。派閥の指示など一切関係なく、政策すらどうでもよかった。

二〇二一年九月七日午後、自民党本部七階の会議室に、三回生以下の若手議員が集まっていた。呼びかけ人は最大派閥・細田派に所属する福田達夫。派閥横断で集まった議員はオンラインも含め七十人。カメラを前に福田が叫ぶ。

「総裁選は党員のみならず国民に対してしっかり開かれていくべきである。事前に派閥において一任をするということは、しないでいただきたい。議員の自主投票をしっかりと担保する総裁選にするべきだ」

派閥に投票先を強制されることを拒否し、あくまで自主投票にすべきだと訴えたのだ。しかし、まるで校則に反発することでいきがる高校生ではないか。派閥が嫌ならば、派閥を抜けて無派閥になればいいだけだ。三回生以下の衆院議員は、安倍政権下で追い風の選挙しか経験していない。派閥の庇護がなければ選挙も一人前に戦えない〝ひよっこ〟たちが、自らが生き残るために派閥を振り切り、新総裁の人気にすがろうとしているだけなのだ。浮き足立つ若手議員の姿は、総理の座から引きずり下ろされた菅の目にどう映るのか。

二〇二一年秋の総裁選は、世論の人気が高い河野が一歩リードしながらも、混戦模様となった。特に目立ったのが高市陣営の健闘だ。安倍前総理が後ろ盾となり、党内での支持を拡大するとともに、党員人気も急上昇した。ワックから総裁選挙直前に出した自著『美しく、強く、成長する国へ。私の「日本経済強靭化計画」』は、刊行一カ月で十五万部のベストセラーにもなった。ネットでの高市旋風も起こった。

それもあってか、総裁選挙は結局、前にも述べた通り、一回目の投票では河野は二位にとどまり、決戦投票でも岸田に大敗した。

そして総裁選の熱気が、そのまま、衆院選での自民党への追い風になった。

焦る野党の八つ当たり

世間の目が自民党総裁選に注がれるなか、お通夜のような雰囲気に包まれていたのが立憲民主党だった。立憲幹部の一人は肩を落とした。

「最悪だ。こんなはずじゃなかったのに」

立憲は、支持率が低迷する菅政権を相手にすれば政権交代すら可能だと、鼻息を荒くしていた。ところが菅の旗色が悪くなると、急に手のひらを返し始める。記者に囲まれた立憲の安住淳国対委員長はまくし立てた。

「菅さんはかわいそうだよ。あんなにしっかり仕事をしているんだから、もっと評価されるべきだ」

あれだけ叩き続けてきた菅を擁護して見せたが、魂胆《こんたん》が見え見えだった。菅が不出馬を決断して自民党内で総裁選に向けた動きが本格化すると、今度は安住が記者たちをこう脅《おど》した。

「テレビ局は気を付けたほうがいいぞ。俺は、ニュースで与党を取り上げた分数と、野党の分数をすべて記録しているからな。法的措置も検討している」

野党の影が薄くなることがよっぽど怖いのだろう。実際、万年野党の遠吠えをテレビ画面で見る機会が増えたりもした。自民党総裁選を伝えるニュースの後に、おまけのように短く伝えられる野党関連の報道が増えたが、それはテレビ局が安住の恫喝《どうかつ》に屈した証拠だ。

野党は当時、連日、「自民党は総裁選にかまけて国民の命を犠牲にしている。臨時国会を開くべきだ」と繰り返していた。だが、臨時国会を開いたところで、立憲議員は政府の揚げ足取りに終始するだけで、コロナ対策には何の足しにもならないことはわかりきっている。事実、感染者数はオリンピック直前がピークで、そこから減少傾向に入った。オリンピックやパラリンピックが感染の原因という主張は、まったく的外れだったのだ。野党も専門家もマスコミも自民党批判の前に、後章でも詳しく分析するが、東京五輪が感染拡大につながると開催に猛反対してきたことを総括すべきではなかったか。

まやかしの政策合意

二〇二一年九月八日朝、参議院議員会館の会議室に異様な光景が広がっていた。横並びでガッツポーズを決めて写真撮影に応じていたのは、立憲代表の枝野幸男、共産党委員長の志位和夫、社民党党首の福島瑞穂、そして「れいわ新選組」代表の山本太郎の四人だった。四党が、ここで交わしたのが前の章でも述べた「市民連合」との政策協定だった。

調印した共通政策の中身が酷い。

「コロナ禍に乗じた憲法改悪に反対」「安保法制・特定秘密保護法廃止」「LGBT平等法の成立」「日本学術会議会員の推薦通りの任命」「脱原発」「核兵器禁止条約の批准」「森友・加計・桜の真相究明」。

そもそも政策合意であれば、本来は政党間で行うべきものだ。しかし、枝野の本音は「共産党とは一緒に見られたくない」。誰よりも共産党アレルギーが強い枝野は、二〇二一年に入って行われた参院補欠選挙でも、「志位さんと並んで街頭演説は絶対にしたくない」と逃げ回っていた。それでも、衆院選で逆風が吹き始めるなか、各小選挙区で一万票以上は見込める共産党支持者の票は喉から手が出るほど欲しい。そこで「市民連合」という、あたかも一般市民の代表のような名称の組織を間に噛ませることで、「共産党と直接、政策協定を結んだわけではない」と言い訳ができる余地を残したのだ。しかし、市民連合が実質的に共産党の支援団体であることは言うまでもない。これが国民に対するゴマカシや偽装でないとすれば、何と呼ぶのだろうか。

結局、そのあとの衆院選は、政権・体制を選択する選挙となった。どの政党が本気で政策を実現する気があるか、どのリーダーなら外交・安全保障の脅威に対応できるか——国民は冷静に見極め、日本共産党と立憲民主党に鉄槌を下したのである。

第八章　起死回生だった小池百合子の「静養（死んだフリ）」

都議選で、議席上積みを確信していた立憲・自民の野望は小池のパフォーマンスに敗れた

連合の〝最後通牒〟

二〇二一年六月上旬、立憲の衆議院議員・松尾明弘は東京・港区にある「連合東京」に慌てて駆け込んでいった。手土産の〝切腹最中《もなか》〟（新正堂《しんしょうどう》が販売する和菓子）を連合幹部に手渡すと、「推薦取り消しだけはご容赦ください」と許しを乞《こ》うた。立憲の最大の支持団体である連合の逆鱗《げきりん》に触れたのは、松尾が二〇二一年六月十二日に都内で予定していた街頭演説だった。

立憲関係者が事情を明かす。

「松尾は、共産党の都議選候補者を応援するための街頭演説会に参加しようとしていま

した。それが連合にバレて、推薦取り消しを宣告されたため、慌てて演説会への参加をキャンセルしたそうです」

共産党との蜜月関係を隠さない立憲に対する不信感が、都議選前から連合内で渦巻いていた。二〇二一年六月一日、連合東京は「立憲民主党と共産党との連携に対する連合東京の対応について」という文書を突如、発表した。これは共産党にすり寄る立憲議員らへの〝最後通牒〟だった。

「連合は『連合の政治方針』において、『左右の全体主義を排し、民意が適正に反映されて、健全な議会制民主主義が機能する政党政治の確立を求める』としている。今般、立憲の東京都連が共産党と対談している記事が確認されたが、その中では都議選や衆院選で連携を深めていくことが記載されている。連合東京は、立憲東京都連とは埋められない距離を感じざるを得ない。連合東京は、都議選と衆院選の予定候補者が共産党に与《くみ》しないことという協定に違反した場合には推薦等の支援を取り消す」

連合が異例の決別宣告にまで踏み切るきっかけとなったのは、共産党の機関誌である「東京民報」に掲載された立憲・都連幹事長の手塚仁雄と共産党の都委員長との対談記事だった。ここで手塚は「四月二十五日投開票の国政三選挙は、共産党の皆さんにも大きな協力をいただき、三勝という結果を出せました」と媚《こ》びた上で、都議選・総選挙での共闘の発展を呼びかけた。

共産党を忌み嫌う連合を苛立《いらだ》たせたのは、これだけではない。五月には、『政権交代で日本をアップデートする』と題する、山口二郎編の立憲（小川淳也・逢坂誠二・西村智奈美ほか）＆共産（田村智子・藤野保史・宮本徹ほか）の対談本の出版予定が明らかになると、連合は立憲幹部に猛抗議。結局、出版はいまも延期されたまま幻に終わりそうだ。

しかし、立憲の中堅議員は開き直るばかり。

「選挙を手伝ってくれる連合には感謝しているが、共産党の票がなければ与党には勝てない。連合よりも共産党の方が票を集めてくれるんだから、いまさら関係を切るなんてできるはずがないよ」

〝立憲共産党〟の舞台裏

この言葉通り、二〇二一年七月四日の都議選では、立憲と共産が水面下で一体となっての選挙戦が繰り広げられた。東京都議会議員の定数は百二十七人で、過半数には六十四議席が必要だが、立憲が擁立した公認候補はわずか二十八人。野党第一党としては異例の少なさだ。立憲関係者がその背景を解説する。

「共産党に配慮して選挙区を徹底的にすみ分けたことが原因だ。共産党と激突することを避けなければいけないから、候補者を増やすことができなかった」

例えば東京北区。二〇二〇年の都議補選では、立憲は北区から元区議で「筆談ホステス」として知られる斉藤里恵を擁立した。しかし今回の選挙で、三人区である北区で斉藤を擁立すれば、共産党候補と激突することになる。だから、共産党に〝忖度《そんたく》〟して、立憲は斉藤を縁もゆかりもない大田区へと選挙区を変更したのだ（結果、彼女は大田区で当選）。

こうした選挙区のすみ分けは、衆院選での選挙協力にも密接に絡んでいる。衆院選東京十区は、自民と立憲の候補がぶつかる激戦区であるため、立憲側は共産党に対して候補者取り下げを働きかけてきた。共産党は見返りとして、都議選で共産党が自・公・都民ファと激しく戦う豊島区の選挙区で、立憲に候補者擁立の見送りを求めた。こうした〝闇取引〟が各所で行われた結果、立憲の候補者数は驚くほど少なくなったのだという。

立憲関係者は自嘲する。

「我々は〝立憲共産党〟と言われても仕方ないよね。共産党に魂を売ったんだよ。もう切っても切れない関係になってしまった」

共産党との一体化を進める立憲は、都議選、そして総選挙の先に何を見据えていたのか。

二〇二一年六月五日、民放テレビ番組に出演した立憲代表の枝野幸男は衆院選後の政権構想について、「選挙の手前までには、どういう枠組みの政権をつくるかしっかりと示す」と明言した。共産党委員長の志位和夫はかねて、選挙協力をする条件として、立憲側に野党連合政権に向けた構想を示すように求めてきた。枝野はこれまで共産党との連立政権構想について濁《にご》し続けてきたが、ここにきてある方針を示すことを決断したという。

それは共産党との〝閣外協力〟を前提とした連立政権構想だ。共産党に連立与党の一翼を担わせるものの、共産党には閣僚ポストは与えない。共産党へのアレルギーが強い連合などの理解を得ながら、共産党の協力もつなぎとめる、いわば折衷案といえる。

しかし、「自衛隊は違憲」「日米安保破棄」「天皇制廃止」を標榜《ひょうぼう》する共産党を、閣外とはいえ連立与党に組み入れれば一体どうなるか。政権中枢の機密情報はすべて共産党に筒抜けになり、政府は共産党の同意無しで法案を提出することもできなくなる。共産党が日本を蝕《むしば》む〝蟻の一穴〟となるだろう。

連合関係者は危機感をあらわにする。

「立憲の連中は共産党の恐ろしさを分かっていない。甘く見すぎているんだ」

都議選で共産候補を応援して恩を売ったものの総選挙では落選

二〇二一年六月三十日午後七時過ぎ、東京・台東区の京成上野駅前――。共産党の都議選候補者の横で、引きつった笑みを浮かべて手を振る男の姿があった。男は、演説を終えた共産党候補者からマイクを渡されると大声を張り上げた。

「立憲民主党、東京十四区の木村剛司です。私たち立憲民主党が共産党候補とともに戦っているのは画期的なことなんです。もう待ったなしなんです。コロナ禍において、多くの皆さまが我慢に我慢を強いられて、限界に達しているからです」

木村は、台東区を含む衆議院東京十四区の元議員で、次の衆院選への出馬を予定する公認候補だ。応援演説が終わると、木村は共産党関係者らに向かい、膝に顔がつきそうなほど深く頭を下げた。この選挙戦で、木村は共産党の候補者につきっきりで応援を続けた。その理由は単純だった。次の衆院選で、共産党に候補者を取り下げてもらい、自分を支援してもらいたいからだ。

木村が必死になる理由も分からなくはない。前回の二〇一七年の衆院選、この選挙区で当選した自民党の松島みどりが得た票は十万四千票あまりだったのに対し、次点の「希望の党」候補は六万三千票、三位の共産党候補は四万六千票。この二人を合わせれば、自民党を上回ることができたのだ。二〇二一年秋に予定されていた総選挙でも、共産党はこの選挙区に公認候補を用意していた。木村は都議選で共産党に恩を売ることで、この候補の出馬取り下げを期待していたのだ。

実際に、連合東京の制止を押し切って都議選で共産党の候補の応援に入った立憲・松尾明弘の東京二区は、共産党が候補の取り下げを行なった。

しかし、松尾は、自民の辻清人に三万票近く離され落選（比例復活もならず）。木村も、最終的には共産党が候補者を取り下げたものの、松島みどりに二万票弱離され落選した（比例復活もならず）。

木村が上野に現れる六時間前、立憲代表の枝野幸男は記者会見で、都議選で、共産党候補を応援する立憲議員がいることについて問われると、こう断言した。

「(立憲の議員は) わが党の公認・推薦候補の当選のために全力で仕事をするのが当然。それをやっていない議員がいるとすれば信じられないし、許されない」

枝野は二〇二一年六月十七日、支援団体である連合本部を訪れると、記者団に「共産党との関係は、理念に違っている部分があるので連立政権は考えていない」と発言した。

こうした枝野の発言について、立憲のベテラン議員が解説した。

「立憲は連合抜きでは選挙ができないから、共産党を嫌悪している連合に気を遣って、表向きの発言をしただけ。木村だけでなく、共産党と協力関係を結んでいる議員はすでに大勢いるし、枝野だって共産党と〝閣外協力〟する政権構想を考えているんだよ」

立憲の役員会では木村に対する処分も検討されたが、結局、「共産党を応援しているのは木村だけではない」として不問に付された。実際に、選挙期間中の共産党機関誌『しんぶん赤旗』を読むと、「立憲民主党の区議二人が応援に駆けつけました」「荒川区の演説には立憲民主党の区議、元衆議院議員が参加」などと立憲からの支援の実態が生々しく記されている。枝野は連合向けに「共産党とは組まない」と発信しつつも、裏ではがっちり共産党と手を握っていたのだ。

“毒まんじゅう”を食らった

そんな風に「連合」と「日共」の間をこうもりの如くフラフラと行き来した結果、都議選では立憲はどうなったか？

都議選投開票日の翌日（二〇二一年七月五日）、立憲国対委員長の安住淳は報道陣のカメラに向かって吠えた。

「うちの党の候補者なんか（連合東京に）推薦されてないじゃない。それで、こういう結果が出てるんだから。国民民主党は何議席とったの？　連合東京が担いだんじゃないの？　それで、まるっきり勝てなかった。冷静にこういう結果を見ながら、リアルパワーが何なのかを見ないと」（投票結果は自民33、都民ファ31、公明23、共産19、立憲15で国民はゼロだった）。

安住は、連合ではなく共産党の組織力を「リアルパワー」と評価し、都議選における共産党との選挙協力が奏功したことをアピール。次の衆院選でも協力を強化することを宣言したのだ連合幹部は怒りを露わにした。

「ほとんどの立憲議員は、うちの支援がなければ選挙区内でポスターを貼ることもできない。そんなに共産党と組みたいなら、うちは今後、一切手伝わない」

そもそも、今回の都議選は自公の過半数割ればかりが注目され、立憲は健闘したと報じられている。立憲政調会長（当時）の泉健太はツイッターで「獲得議席は改選前から『倍増に』！」と誇ってみせたが、立憲の若手議員は呆《あき》れ果てていた。

「立憲民主党は今回の都議選の結果、第五党になったんですよ。これで、なぜ胸を張れるのか。政権批判の受け皿になれていないし、全然ダメだ。次の選挙で政権交代なんてできるはずがない」

その予言は、都議会選挙から三カ月後の十月末に行なわれた総選挙で現実のものとなった。

ともあれ、立憲幹部は都議会選挙前、「二十三議席を獲得し、第二党になるのが目標だ。都民ファなんて、一桁くらいしか取れないだろう」と高をくくっていた。しかし、実際には都民ファ・共産党と競合する選挙区で競り負ける戦いが相次ぎ、最終的に獲得した議席は十五。三十一議席の都民ファおろか、十九議席を獲得した共産党にすら負けたのだ。

連合幹部はこう皮肉った。

「共産党を利用したつもりだったのだろうけど、逆に共産党に利用されたんだよ。今回、立憲は毒まんじゅうに手を出し、すでにその毒は全身に回っている」

立憲と共産は次の総選挙で、全国六十選挙区以上で候補者が競合していて、立憲側は共産党に候補者を降ろしてもらうことを期待していた。しかし、都議選の結果を見れば、果たして立憲が総選挙での選挙区調整の主導権を握ることができるのか。その思惑は、そのときから狂っていたし、実際の総選挙も、すでに見てきたように議席減という形で「結実」してしまった。

「小池にやられた」

二〇二一年七月の都議選で、思惑通りの結果を得られなかったのは自民党も同じだった。六月二十八日朝、自民党幹部が慌てて菅総理の携帯を鳴らした。

「総理、このままでは自民党は四十議席前半しかとれません。都民ファーストが急速に伸ばしています」

この前日までに行われた情勢調査が風雲急を告げていたのだ。この選挙にあたり、自民党は全選挙区への情勢調査を行い、前回の倍増以上となる五十一議席を獲得する予測を出した。自民党内には一気に楽勝ムードが広がり、各陣営は緩みきっていた。

そんななか、情勢を一変させたのは東京都知事・小池百合子の起死回生ともいうべきパフォーマンス。六月二十二日、小池は過度の疲労を理由に静養に入ることを発表したのだ。小池の行動について、自民党関係者は分析する。

「実はこの直前に、小池は二階幹事長から、『今回は都民ファの候補者に肩入れしないように』と釘を刺されていました。二階さんとしては、選挙後に都議会の過半数を握るだろう自公と敵対しないようにと知事を説得したのです。一方で、小池の力がなければ当選がおぼつかない都民ファの候補者たちから、小池に応援の依頼が殺到していた。二階さんの顔を立てながら都民ファを支援する方法が、静養(死んだフリ)だったわけです。小池は天才ですよ」

この直後、別の自民党幹部は青ざめた顔で危機感を露わにした。

「同情票が都民ファに流れている。これは想定外の展開だ」

さらに、ここにきて一部の自治体がワクチンの供給不足を訴え、職域接種でも新規受け付けを停止するなど、菅総理肝いりのワクチン接種の加速化計画にも混乱が伝えられるようになる。

フタを開けてみれば、自民党は三十三議席と前回よりも積み上げたものの、惨敗を喫したことは誰の目にも明らかだった。

菅総理はかねて、都議選の圧勝と東京五輪の成功で弾みをつけたうえで、秋の総選挙で勝利を収め、自民党総裁選での無投票再選という道を思い描いていた。その大事な最初のステップで躓《つまず》いた格好となってしまい、後の秋の総裁選出馬断念につながっていったのだ。

第二部

民主主義を破壊する左派メディアのフェイク報道

第九章　立憲〝ロリコン男〟や左派記者望月サンのウソに甘いマスコミ

「十四歳の少女と性交して捕まるのはおかしい」と暴言した夫を、フェミニストのリベラル妻が庇うとは？

失言に非ず、ヤジ将軍は本気だった

新聞テレビの政治スキャンダル報道を見ていると、保守系政治家や与党系評論家の「失言」は、針小棒大に採り上げられて批判されることが多いが、野党系政治家や左派ジャーナリストのそれは比較的穏便に扱われることが少なくない。時には不問にふされることもある。本章では、その事実を検証しておこう。

二〇二一年六月八日午後、衆議院本会議を終えて議場から出てきた立憲民主党・本多平直を報道陣が取り囲んだ。刑法の性犯罪規定の見直しに向けた議論を進める立憲の会議で、「五十歳近くの自分が、十四歳の少女と同意の下で性交したら捕まることになっ

てしまう。それはおかしい」などと発言したことが一部メディアで報じられたためだ。

本多はカメラの前で挙動不審に目を泳がせながら、頭を下げる。

「このたびは私の認識不足の発言で、多くの方を傷つけたことを心よりお詫びしたいと思います。本当に申し訳ありませんでした」

そして、こう釈明した。

「中学生を保護するために、性行為をした成年を処罰するという考え方には賛成しています。ただ、人を処罰する法律なので、例外や本来は想像できないような限界事例をどう考えるか、幅広い緻密《ちみつ》な検討をしたいと考えていました」

あくまで議論のために極端な例を示しただけだと言い訳した本多。しかし、一連の会議に出席していた別の立憲議員は〝真っ赤なウソ〟だと糾弾した。

「本多は毎回、会議に参加しては『年の離れた大人と中学生の少女に真剣な恋愛関係が生まれる場合もある』とか『中学生の側から大人を口説いて恋愛関係になり、性交に至る場合もある』などと持論を繰り返しては、性交同意年齢の引き上げに反対し続けてきた。あいつは本気で中学生と性交しても問題がないと思っている。頭がおかしいよ」

本多は、予算委員会で総理や大臣に対し、誰よりも大きな声で「説明責任を果たせ！」

「責任を取って辞めろ！」などと罵声を飛ばす〝ヤジ将軍〟として知られる。しかし、自身が追及される場面になると、記者からの質問を「時間がない」と遮《さえぎ》り、説明責任を一切果たすことなく逃げるように去っていった。幹事長の福山哲郎は当初、「本人が言い過ぎたので撤回だと言っているので、それでいいのではないか」と庇《かば》う姿勢を見せた。だが、批判が相次いだため渋々、厳重注意を行うこととなった。

　自民党の閣僚経験者は「これが自民党議員の発言だったら、野党は大騒ぎして、離党せざるを得なかっただろう。結局、身内には甘いのが立憲の体質だ」と憤《いきどお》る。立憲執行部の会議で、当時、代表代行だった蓮舫は「本多を離党させるべきだ」と迫った。フェミニストとして当然のことだが、他の幹部は知らん顔を決め込んだ。立憲国対委員長の安住淳は、記者団に軽口を叩いてみせた。

「女っていうのは怖いな。本多に対する処分は奥さんに任せるかな」

　ちなみに、本多の妻は同じく立憲の衆院議員・西村智奈美。この後の代表選挙にも出馬し、いまは立憲の幹事長、ジェンダー平等推進本部のリーダーだ。だが、家庭内での処分は期待できそうもない。それどころか、彼女は夫唱婦随ではないが、夫が公認拒否処分になったことを不当処分だとして、当時は異論を唱えたほどだ。

これがジェンダー平等を声高に叫ぶ立憲の実態である。

立憲幹部といえば、副代表である森裕子の発言も波紋を呼んだ。二〇二一年六月十一日、参議院拉致問題特別委員会で質問に立った森は、新型コロナ用のワクチンについて「北朝鮮に対して人道支援ということで提供するということはいかがですか」と提案したのだ。「コロナの感染者は出ていない」と言い張っている北朝鮮へ、何のためにワクチン提供が必要なのか。「テロ支援国家」に「ワクチン支援」をしても、喜んで拉致被害者を帰すはずがない。

ネット上では、「立憲はどこの国の国民のために活動しているのか」「この党が政権を取って、この人が拉致担当大臣になったと思ったら背筋が凍る」などと批判が沸き起こった。幹部が思いつきだけで国益を損ないかねない発言をするのも、軽佻《けいちょう》浮薄《ふはく》なこの党の特徴である。

緊急事態下で風俗通い

二〇二〇年四月十五日午前、立憲民主党の福山哲郎幹事長は、国会内で記者団のぶら下がり取材に応じた。いつもはカメラの前でふんぞり返るくらい傲岸不遜《ごうがんふそん》の男が、この日は気まずそうに小声で切り出した。

「高井議員の問題について、国民の皆さんに不快な思いをさせていることを私からもお詫び申し上げたい」

東京などに緊急事態宣言が出された後の同年四月九日夜、立憲の高井崇志衆院議員が新宿・歌舞伎町の「セクシーキャバクラ」で〝濃厚接触サービス〟を受けていたというのだ。濃厚というより濃密だったのかもしれない。

歌舞伎町などの繁華街が感染者のクラスターを生み出している事実は、専門家の指摘を引用するまでもない。ましてや、国民に外出自粛を呼びかける緊急事態宣言下で、国会議員がわざわざ繁華街まで出かけていき、風俗通いをしていたという。不要不急の外出というしかない。

高井は「セクキャバ」遊びを満喫した同じ日、自身のツイッターでこんな発信をしていた。

「ロックダウンの必要性を訴えています。緊急事態宣言を出しても相変わらずの満員電車の我が国では、そうせざるを得ないのかもしれません。とにかく満員電車をなくす政策（テレワークの徹底）を最優先すべきで、『夜の外出自粛』では済まないと思います」

国会で安倍総理を、「首相の危機感のなさが国民を不安にしている」と批判していた高井。自身の行動は、危機感がないどころか危険をまき散らすものにほかならない。責任感のカケラもない野党議員の〝ブーメラン〟が炸裂した。

そのあと、高井は立憲を除籍され、昨年秋の総選挙では「れいわ新選組」公認で滋賀県から立候補したものの落選している。

夏休みのバカンス旅行で国会欠席

立憲議員のスキャンダルはまだほかにもあった。例えば……。

「渡辺周はどこに消えたんだ！」

二〇二〇年八月五日午前十時半過ぎ、国会議事堂二階の立憲民主党・国対委員長室に安住淳の怒号が響き渡った。立憲国対の幹部らは慌てて部屋を飛び出し、行方不明になっていた国民民主党副代表（当時）の渡辺の居所を捜すことになる。

いったい何が起きていたのか。

この十五分前、立憲・国対委員長の安住はテレビカメラを前に、得意満面でぶら下がり取材に応じていた。

「閉会中の審査をしっかりやらせてくれということを要求して、以下の点について合意を得たので申し上げます。まず、二〇二〇年八月七日に衆議院予算委員会の理事懇談会を開きます」

得意気にふんぞり返る〝ちびっ子ギャング〟こと安住。与党に対し、国会の召集を執《しっ》拗《よう》に求めてきたが、ようやく国対委員長会談で与党側から一定の譲歩を勝ち取ったことを誇ってみせたのだ。まずは第二次補正予算で計上した予備費の支出が決まったことから、二〇二〇年八月七日に予算委員会の理事懇談会が開催されることが決定した。しかし、野党国対幹部はすぐに異変に気付き、青ざめる。予算委員会の野党筆頭理事である渡辺周の行方がわからなくなっていたのだ。

実はこの数日前、渡辺は事務所関係者らとこんな雑談を交わしていた。

「せっかくの夏休みは旅行に行きたいけど、東京都外に出られないのでは面白くないな」

新型コロナウイルス対策など、どこ吹く風。考えていたのは自分の夏休みの計画だった。事務所関係者が、冗談交じりで返す。

「小笠原諸島は一応、東京都ですけどね」

渡辺が膝を打つ。

「その手があったか。小笠原なら都外に出たことにはならないのか」

この事務所関係者も、まさか党副代表である渡辺が本気にするとは思わなかった。しかし、渡辺は本気だった。数日後、意気揚々と都心から約千キロ離れた南の島に向かってしまったのだ。

左翼よりタチの悪いご都合主義“偽リベラル”が跋扈

野党国対幹部が、ようやく渡辺と連絡をつけたのが五日夕方。しかし、小笠原諸島と東京本土を結ぶ唯一の交通手段は週一便の定期船のみ。国会に戻ってこられるのは、どんなに早くても八月九日だったのだ。

結局、安住は予算委理事懇談会へ渡辺の欠席届を出すように極秘で指示を飛ばす。当日、渡辺の不在に気付いた記者たちが「渡辺先生はどうしたのですか？」と質問をしたが、安住が箝口令《かんこうれい》を敷いたため、野党国対幹部は「都内にいるが、事情があって欠席している。コロナに感染したわけではない」と苦しい言い訳で取り繕《つくろ》うしかなかった。

国会職員は、前代未聞の事態に呆《あき》れかえる。

「野党が『国会を開け』とさんざん要求し続けてきたのに、いざ開くとなると野党議員が『旅行で欠席』というのでは、あまりに無責任だ。結局、野党はポーズだけで真剣に審議をする気なんてないんだよ」

安住はこれまで報道陣に対し、「ＧｏＴｏトラベルキャンペーンで地方に感染者が出たら、内閣は総辞職するべきだ」と吠え叫んできた。しかし野党幹部が、わざわざ東京から離島にまで物見遊山に出かけた事実をどう説明するのか。

渡辺は「愛人同伴の旅行ではありません。元村議らへのヒアリングを兼ねた視察旅行です」と安住らに釈明のメールを送ったが、元村議に話を聞くのであれば、このご時世では、オンライン会議で十分ではないのか。

小笠原諸島は東京都に属するから、県境をまたいだ旅行ではないという屁理屈。旅行を理由に国会を欠席する無責任さ。旅行による感染拡大の可能性を批判しながら、自らにブーメランが返ってくると事実を隠蔽《いんぺい》しようとする不誠実さ。まさに今の野党の有り様を如実に物語る出来事だった。渡辺はこのあと、立憲民主党に移り幹事長代行などを務めた。昨年秋の総選挙（静岡六区）では、小選挙区で初めて敗北（比例復活）。

このように、言っていることとやっていることが大違いなのが、今の野党。二〇二〇年八月四日午後一時、立憲国対委員長室に安住が招いたのは、立憲の新人、石垣のりこ参議院議員だった。国対幹部らも交えて、老舗の鰻重弁当を振る舞うと、サプライズでホールケーキが登場する。安住が石垣のために準備した誕生日会だったのだ。

ケーキに三本立てられたロウソクを前に、石垣が少女のような笑みを浮かべる。

「コロナの問題がありますが、フーッと吹いてもいいですか？」

安住も満面の笑みで答える。

「大丈夫だよ」

党のカネと気持ち悪いほどのおべっかを使って、若い女性議員の歓心を買おうという魂胆が見え見えの安住だったが、石垣が部屋を去ると、信じられない暴言を吐く。

「石垣は完全に左翼だから、好みじゃないんだよ。頼まれてもヤレないな。俺は左翼じゃないから」

国権の最高機関にもかかわらず、平気でセクハラ発言を口にする野党幹部。

共産党とズブズブの関係を築きながら「左翼じゃない」と言い張るのは、立憲代表の枝野幸男も同じだ。枝野の口癖は「私こそが保守本流だ。立憲民主党は保守政党なのだ」。〝左翼〟というレッテルを貼られることを誰よりも嫌うくせに、選挙で勝つためには共産党に土下座する。左翼よりタチの悪いご都合主義〝偽リベラル〟が跋扈《ばっこ》している。

プロパガンダ映画に注意！

ご都合主義〝偽リベラル〟といえば、野党を支援するジャーナリストにもこんな人がいる。

映画『パンケーキを毒見する』（二〇二一年七月三十日公開予定）の試写会に参加する機会を得た。この映画は、パンケーキが好物だと公言する菅総理をテーマにしたドキュメンタリー。しかし、製作したのは東京新聞・望月衣塑子記者をモデルにした『新聞記者』を手がけた会社（スターサンズ）である。そんなこともあり、見る前から嫌な予感しかしなかった。

予感は的中する。作品は冒頭で、二〇二〇年秋に話題となった日本学術会議の任命拒否問題をめぐる国会でのやりとりを取り上げる。法政大学教授の上西充子が、共産党の小池晃や立憲・辻元清美と菅総理の質疑を解説しながら、いかに菅総理が不誠実な答弁を繰り返していたかを執拗《しつよう》に強調する。

続いて登場するのは元朝日新聞記者の鮫島浩だ。菅政権が杉田官房副長官や和泉総理補佐官、北村国家安全保障局長（当時）といった「出身省庁でトップに上りつめられなかった官僚」を登用していると鮫島は指摘する。そして、「この政権のキーワードは仕返しだ」と断言。鮫島によると、仕返しをしたい人たちが権力の中枢を占めるから、国民が分断されるという。もはや意味不明としか言いようがない。

ウンザリしながら見ていると、あの男がスクリーンに大写しで登場した。元文科事務次官の前川喜平である。彼は「官邸は歌舞伎町のバー通いを明らかにすることで、私の人格を貶《おとし》め、加計問題で告発をする自分の信用性を落とす作戦に出た」と語り、「スキャンダルを握られて、黙らされている官僚は他にもいるだろう」と〝陰謀論〟まで披歴した。もちろん、出会い系バーに通っては少女を店外デートに連れ出していたことや、天下り斡旋《あっせん》で官邸にクビを切られたことの説明など一切ない。

現役の国会議員も登場する。嬉々として政権批判を繰り広げたのは、自民党内でもはや誰からも相手にされない村上誠一郎と、自身の派閥が崩壊寸前の石破茂。さらには、一時は維新の党の共同代表を務めたものの、立憲では干され続けている江田憲司。彼らに共通するのは、上昇志向は誰よりも強いが、主流派になれなかった人たちだということ。この映画こそ、権力への「仕返し」が目的なのだろう。ちなみに、村上誠一郎は、〝「ミスター自民党」が安倍政権に諫言する〟（「文藝春秋」二〇一七年八月号）を書いたり、『自民党ひとり良識派』（講談社現代新書）を二〇一六年に刊行している「リベラル」を気取る政治家だ。

巧妙な洗脳手口

映画も後半になると突然、テーマは菅批判から一転する。とある建物の中にカメラが入るのだが、そこは共産党の機関誌『しんぶん赤旗』編集部。「撮影が特別に許された」と勿体をつけたうえで、「赤旗」編集長が語り出す。

「赤旗は共産党の機関誌だからといって偏っていることはない。オリンピックのスポンサーになる新聞社の方が偏っている」

そこから赤旗記者への密着が始まる。政府の官房機密費の使途追及を、共産党議員と緊密に連携して行っている様子を見せたうえで、共産党書記局長の小池晃に「菅の権力の源泉は機密費だ。この闇に切り込んでいかないといけない」と語らせる。

映画も最終盤になると、国民を愚鈍な羊の群れになぞらえたアニメーションが流れ、「これだけ酷い政府与党に投票する国民が悪い」というメッセージを強めていく。

極めつきは、最後に種々のグラフを映し出しながら、G7諸国の中で「いかに日本が“最下位”の数値が多いか」を次々に示していくのだが、その一つが「PCR検査数が日本は最下位」というもの。なぜ、欧米諸国と比べてケタ違いに少ないコロナの感染者数や死亡者数、あるいは失業者数ではなく、PCR検査数なのか。恣意的なデータを並べたあげく、「時代の変わり目にいるような気がします」というナレーションで幕を閉じた。

この映画は、共産党色の濃い専門家を排除する必要があった学術会議の人事や、使途を明らかにすることができるはずがない官房機密費など、政府が大っぴらには答弁できるはずがない問題だけに焦点を当てる。不誠実な政権というイメージを植え付け、政権に恨みがある人物たちのオンパレードでさらに印象操作に勤しむ。そして最後は、共産党・赤旗の礼賛で締めくくる。

ドキュメンタリーでもジャーナリズムでもなく、単なる共産党のプロパガンダにほかならない。総選挙前に、政権を打倒したい勢力が巧妙に有権者を洗脳しようという狙いからのものだっただろう。暇つぶしにすらならない。

繰り広げられる左翼の〝内ゲバ〟

さらに悪質なのが、この製作会社が二〇二二年一月にネットフリックスで配信を開始した連続ドラマ『新聞記者』。世界的なヒットとなっているというこのドラマは、東京新聞の望月衣塑子記者の著作を基にしたものなのだが、その内容が輪をかけて酷い。明らかに森友学園問題を題材にして、官邸の巨悪を暴いていくという筋立てなのだが、そのストーリーは〝反安倍〟の人間たちが「こうあっただろう」という願望や妄想に基づき、一方的に脚色されたものなのだ。総理夫人付きの職員が、財務省に対し公文書の隠蔽を指示するのだが、現実は夫人付きの職員はノンキャリアの役人であり、財務省に圧力などかけられるはずがない。すべてにおいて現実と妄想の境目が分からないようにごちゃ混ぜに構成され、現実には存在しなかった事件への官邸の関与が、あたかもあったかのように錯覚させる内容なのだ。これを全世界に配信することは、日本への信用を貶めることに他ならない。

このドラマをめぐっては、自殺した財務省職員の妻・赤木雅子と制作サイドや望月衣塑子とのトラブルが週刊文春によって報じられた。赤木の許可を得ずにドラマを制作したことや、望月が借りた故人の遺書や音声データを返却していないことなどが明らかになった。この報道を仕掛けたのは元NHK記者の相沢冬樹。森友事件を報じる過程でNHK上層部と衝突し、NHKを退職した彼にとって、いまや赤木雅子との関係だけがメシの種になっているという。

関係者が内幕を明かす。

「このトラブルの背景にあるのは、相沢と望月の足の引っ張り合い。相沢からしてみると、自分を外して制作されたドラマの成功が悔しくて仕方なかった。望月への嫉妬心から、文春にネタを売ったんだよ」

結局、左翼の〝内ゲバ〟がここでも繰り広げられていたのだ。

第十章
蓮舫の長男が「親子決別宣言」「自民入り」した理由とは──

「国難において国民より自分のことを優先している政治家は辞めるべきだ」と息子に言われてギャフン？　さらに後に息子は自民党入党……。

長男からの母親への決別、そして自民党入り

二〇二一年初頭、立憲民主党の議員たちの間では、こんな皮肉が囁《ささや》かれていた。

「菅政権の支持率を上げたければ、蓮舫に予算委員会で質問をさせれば良い」

二〇二一年一月十八日に開会した通常国会。コロナ感染者数の拡大や、ＧｏＴｏキャンペーンなどをめぐる対応の混乱もあって、菅内閣は支持率急落という危機に立たされていた。自民党内からも「菅総理は通常国会を乗り切れるのか」「このままでは〝菅おろし〟が始まるのではないか」と不安の声が上がる状況で、国会は開幕を迎えた。

しかし、そんな雰囲気を一変させたのが、誰あろう立憲民主党代表代行の蓮舫だ。

二〇二一年一月二十七日、参議院予算委員会の質問に立った蓮舫は、菅を居丈高に挑発し続けた。そして、新型コロナの自宅療養中などでの死亡事例が二十九件あったとの答弁を引き出すと、鬼の首を取ったように得意げに迫った。

「この二十九人の命。どれだけ無念だったでしょうかね。総理、その重み、わかりますか」

菅は、あくまで低姿勢を貫く。

「そこは大変申しわけない思いであります」

蓮舫はふてぶてしい表情を浮かべながらたたみかける。

「もう少し言葉はありませんか」

「心から、大変申しわけない思いであります」

菅が頭を下げると、まっすぐに右手を挙げた蓮舫はさらに高圧的に金切り声を上げた。

「そんな答弁だから、言葉が伝わらないんですよ！　そんなメッセージだから、国民に危機感が伝わらないんですよ！　あなたには総理としての自覚や責任感、それを言葉で伝えようとする思いがあるんですか！」

さすがの菅も、色をなして反論する。

「少々失礼じゃないでしょうか。私は総理大臣に就任してから、何とかこのコロナ対策、一日も早い安心を取り戻したい。そういう思いで全力で取り組んできている」

そう言い終わると、委員会室に拍手が起こる。まるで犯罪者の尋問のようなやり取りに、ネット上やワイドショーでは「あまりに礼を失している」と蓮舫への批判が沸き起こった。

そして、誰よりも痛烈な批判を浴びせたのが、蓮舫が溺愛する当時二十三歳の長男だった。この日、アイドルとして芸能活動を行う長男はユーチューブに動画をアップし、「もう今日で母親のことを気にして生きるのはやめたいと思います」と決別を宣言。さらに、二月三日に行ったユーチューブライブでは「政治家は揚げ足取り大会ばかり。国難という状況において、国民のことより自分のことを優先で考えている人がいるのであれば、政治家をやめるべきだ」と語り、母親を厳しく非難したのだ。

蓮舫はツイッターに「思いが強すぎて語気を張ってしまうことを反省」と投稿したが、ある立憲議員が「あんなに落ち込んでいる蓮舫さんを見たことがない」と証言するほど肩を落としていたという。まさにブーメラン。これで潮目が大きく変わったのは明らかだった。その後の各社の世論調査で、内閣支持率は下げ止まりを見せ、野党の勢いは削《そ》がれていったのだ。

さらに、一年後の二〇二二年三月上旬、驚きのニュースが永田町を駆けめぐった。「立憲民主党代表代行の蓮舫の長男が自民党入り」との週刊誌のスクープ。長男は実業家で「政界のフィクサー」とも呼ばれる糸山英太郎（元自民党国会議員）と養子縁組をしたうえで、自民党に入党したというのだ。立憲幹部の息子が自民党入りとは前代未聞。衝撃の一報だった。

前述したように、蓮舫の長男は二〇二一年一月、「もう母親のことを気にして生きるのはやめようと思います」と決別宣言の動画をネット上にアップして話題となった。当時の菅義偉首相を居丈高に追及する母親の姿に嫌気が差したことが原因である。蓮舫はアイドルグループの一員として活動する長男を溺愛していて、決別宣言には「もう議員をやめたい」と周囲に漏らすほど落ち込んでいたという。

その長男が今度は〝縁切り〟である。蓮舫に近い議員は声を潜めた。

「これが真実かどうか、誰も恐ろしくて本人に確かめられない。もし事実じゃなかったら、口角泡を飛ばして反論しているはずだから、事実なんだろうね。蓮舫さんも、最近はすっかりおとなしくなっているよ」

ＳＮＳ中毒で、何にでも嚙みつく蓮舫が沈黙を守り続けるということは、反論の材料がないのだろう。立憲は国民から見限られ、万年、低支持率に喘《あえ》いでいる。そんななか、家族にも見放されてしまうとは踏んだり蹴ったりである。

荒唐無稽の「ゼロ・コロナ」

ともあれ、蓮舫のそうした失態もあり、立憲は新型コロナ対策での「提案路線」をその後はしばしば強調していた。しかし、肝心の提案内容がひどい。

二〇二一年一月三十一日、立憲民主党の党大会に臨んだ代表の枝野幸男は「政権交代の選択肢となる」と高らかに宣言し、「ゼロ・コロナ」という戦略を掲げた。枝野は「現在の感染爆発、そして医療崩壊を招いたのは政府の失策であり、現在の危機的状況は、人災そのものだ」と菅政権を批判。そのうえで①医療機関への支援、②感染者の早期把握、③感染を封じ込めるまでの間、事業者の倒産を防ぐための補償——三つの方策で「ゼロ・コロナ」を達成すると訴えたのだ。

当時、すでに全世界で一億人以上の感染者が広がるなか、各国と比べても明らかに感染の抑制に成功している日本の状況を「人災」と呼ぶ浅薄愚劣。この程度の方策で感染者をゼロにすると明言する非現実性。感染を封じ込めるまでは経済や社会活動は全面的に止めるという荒唐無稽。コロナウイルスは長年、この社会で風邪の原因となり続けてきているもので、立憲は「日本から風邪をなくす」と宣言しているに等しい。

菅総理は周辺に、「コロナをゼロにしたいのは当たり前。だけど、そこまで経済活動をすべて止めたら、二度と日本経済は立ち直れなくなる。あまりに無責任だ」と呆れてみせたという。まやかしのような提案を野党第一党から突きつけられる国民が不幸でならない。

予算委員会での質疑を見ていても、野党議員は「政府の対応は後手後手だ」と結果論で追及するばかり。そして、しまいには森喜朗元首相の失言や菅長男の接待問題に飛びつき、いつもの週刊誌頼みのスキャンダル一辺倒路線に回帰していく。二〇二一年二月九日には、森元首相の女性蔑視とされる発言への抗議の証として、野党の女性議員たちが白ジャケットを着て登院するという異様な光景が広がった。そのうちの一人が裏事情を語る。

「前日に同僚の女性議員から電話がかかってきて、『明日はみんな白で合わせないと、何を言われるかわからないわよ』と。ほとんど強制でした。米国議会のマネなのでしょうけど、違和感を覚えていたのは私だけではないと思いますよ」

提案路線はどこへやら。結局、今の野党はパフォーマンスで目立つことしか考えられないのだ。

政権の揚げ足取りに必死なのは左派メディアも同じだ。

政府が緊急事態宣言の延長を発表した二〇二一年二月二日、朝日新聞は朝刊で「『感染、一カ月で改善』遠く」と大きく見出しを打った。菅が一月七日の記者会見で「一カ月後には必ず事態を改善させる」と公言したのにもかかわらず、それが実現していないと批判する記事だった。しかし、東京都内の新規感染者数を見れば、一月七日の二千四百四十七人から二月一日には三百九十三人と、わずか一カ月弱で六分の一にまで激減している。これを改善と言わずして何と言うのか。多くの制約を強いられてきた国民誰もが明るい兆しを見出し始めていたところに、「改善は遠い」と言い張る朝日新聞。そこに科学的根拠も何もない。政権憎しの怨念しかないのだ。

翌日の毎日新聞は「宣言解除に政権浮沈懸け」との大見出し。「緊急事態宣言の解除という『出口』に政権の浮沈がかかっている」ともっともらしく書くが、まったく意味不明だ。国民一丸となって乗り越えるための緊急事態を、なぜ無理やり政局に絡めようとするのか。緊急事態宣言の解除に失敗して政権が倒れればいい、という毎日新聞の強い願望が滲《にじ》み出ている。

こうした左派メディアや多くのワイドショーは「コロナ・ロス」に取り憑かれているとしか思えない。根拠に基づかないセンセーショナルな記事や素人コメンテーターの憶測発言で国民の不安を煽れるだけ煽れるコロナは、こうしたメディアにとって格好のネタなのだ。ある民放テレビ局員は、「コロナのニュースをやるだけで視聴率は上がる。だから、コロナがなくなったら困るんだよ」と本音を漏らす。彼らが取り上げるのは、コロナの負のニュースばかり。左派ディアにとって、国民を不安のどん底に落とし、怒りの矛先を容易に政府に向けさせることができるコロナはなくてはならない存在になっているのだ。

立憲の〝蓮舫隠し〟

二〇二一年三月三日から参議院予算委員会で、今年（二〇二一年）度予算の審議がスタートした。しかし、「国会論戦の花形」とも呼ばれる予算委員会に、冒頭で例示したあの人（蓮舫）の姿はなかった。立憲民主党の若手議員が声を潜める。

「実は、立憲執行部は蓮舫さんに対して、この予算委員会では、しばらく謹慎するようにと指示を出したんです。蓮舫さんはすっかり落ち込んでいて、こっそり同僚議員と飲みに行っては愚痴をこぼしているそうです」

これまで立憲代表代行の蓮舫は、テレビで全国中継される予算委員会の基本的質疑や集中審議では、若手議員に質問の機会を譲らず〝独り占め〟してトップバッターとして質問に立ってきた。

しかし、冒頭で詳述したとおり、一月下旬の予算委員会で、菅総理に対して放った〝暴言〟をきっかけに蓮舫への批判が高まり、立憲支持者からも「二度と、蓮舫に質問させるな」との抗議が殺到したという。立憲議員は地元に帰るたびに支持者から蓮舫への批判を聞かされていて、ついに国対委員長の安住淳が「蓮舫を委員会に出すな」と〝蓮舫隠し〟を命令したのだ。

この対応に立憲若手議員は、力なく首を横に振る。

「蓮舫さんを隠すだけじゃ、立憲の支持率は上がりませんよ。枝野、福山、安住、辻元……こういう幹部たちをみんな隠さなければ、国民が立憲を支持することはないでしょう」

二〇二一年三月八日に発表されたＮＨＫの世論調査で、菅内閣の支持率が二ポイント上昇して四〇％台を回復したのに対し、立憲の支持率は二・三ポイント下落し、わずか四・五％に。野党第一党として記録的な低支持率を叩き出したのだ。付け焼き刃の〝蓮舫隠し〟は、まったく効果ナシに終わった。

この数字を見た菅総理は、「この時期は、予算委員会で野党の追及を受けるから普通なら内閣支持率は大きく下がる。でも、揚げ足取りばかりの今の立憲では、無理だろうね」と周辺に語ったという。

〝文春砲〟ナシでは質問すらできない野党議員

なぜ、立憲の支持率は上がらないのか。彼らの国会での振る舞いをみれば、その答えは一目瞭然だ。

二〇二一年三月五日、参院予算委員会で質問に立った立憲の参院議員、白眞勲はこう口火を切った。

「まず、この今回発売された文春の記事をちょっと見ながら、聞きたいなというふうに思ってるんですけど」

そして、白は恥ずかしげもなく『週刊文春』に掲載された総務省の接待問題について、大臣や官僚たちに記事の内容を一つひとつ確認していく。

「この会食ではお土産はもらいましたか？」

「飲んだ赤ワインは、キスラーのピノノワールとかいうワインでしたか？」

あまりに稚拙な質問に、委員会室からは失笑が漏れる。週刊誌ナシでは質問すらできないのが、いまの野党議員の実態なのだ。

政府を攻め立てる手口も相変わらずだ。この三日後の予算委員会に登場した立憲・小西洋之の質問は、得意の〝レッテル貼り〟のオンパレードだった。

小西「菅総理の長男がいなければ会えない事務次官級や局長に、なぜか会えているわけですから、菅総理の長男は〝接待要員〟じゃないのか」

菅「私は会社のことについては全くわかりませんので、その接待要員が何なのかということについて、答える立場にないと思います」

小西は、東北新社に勤める菅総理の長男について、執拗《しつよう》に「総務省との接待要員だった」と決めつけ、長男がいたからこそ総務省の幹部が会食に応じたという印象操作を繰り返した。しかし、東北新社内の事情など、菅総理が知る由もない。そのほかにも、小西は根拠のない架空のストーリーを散々、言い連ねたあげく、菅総理に怒鳴り声を上げた。

「政府の反省じゃなくて、菅総理自身の人間として、政治家としての反省が求められてるんですよ、何言っているんですか！」

これには委員長が「コロナの緊急事態宣言中に、大声を出すことは慎むように」と注意したが、小西はふて腐れた態度で「菅案件の疑惑は深まるばかりだ」と言い放ち、質問を締めくくった。

接待問題の本質

週刊文春の報道に端を発した総務省の接待問題だが、小西の主張は妄言にしか過ぎない。野党の追及に歩調を合わせるように、テレビ各局もニュースやワイドショーで連日、この問題を取り上げて政府批判を展開していた。しかし、ある民放テレビ局社員が実情を明かす。

「今回、東北新社やNTTによる総務官僚への接待が問題になりましたが、テレビ局による総務省の接待は、こんなものではない。自分たちも同じような接待を繰り返しながら、それを隠したままニュースで政府や東北新社を批判するのは、報道機関として倫理的に許されるのか」

世間には知られていないが、テレビ各局には〝波取り記者〟という秘密部隊が存在する。彼らは、総務省担当の記者や経営戦略局の社員として、原稿を書くわけでもなく、総務省の庁舎内をうろついては、総務官僚のご機嫌取りをするのが仕事だ。

許認可権という巨大な権力を持つ総務官僚をぴったりマークして〝電波〟をめぐる放送行政の動向を探るという社業に日々、勤《いそ》しんでいるのだ。当然、彼らにとって総務官僚の接待も重要なミッション。今回、更迭された総務審議官や情報流通行政局長らは、彼らにとって最重要ターゲットであり、懇談取材と称して飲み屋で接待をしては、テレビ局幹部にメモとして報告を上げるのが彼らの役目だった。こうした波取り記者はテレビ局内でも隠密の存在で、他の社員のように定期的な異動はなく、十年以上も同じ担務を続け、総務省の奥深くに食い込んでいる。

総務省接待問題の本質は、利害関係者である放送・通信業者と総務省の馴れ合いが、接待という形で常態化していたことにある。小西が言うように「菅総理の長男がいたから総務省幹部が接待に応じた」というのは真っ赤なウソ。総務官僚を接待するのに、総理の長男など必要ない。では、なぜ追及の矛先はテレビ業界に向かわないのか。立憲幹部はこんな本音を漏らした。

「民放テレビ局には、我々を取り上げてもらわなければいけないから、攻撃するわけにはいかないんだよね」

味方につけたいテレビ局の違法接待は見て見ぬふりということだ。結局、野党もマスコミも、巨悪など存在しないことを分かっていながら〝政権追及ごっこ〟で空騒ぎしているだけなのだ。

脇の甘い総務官僚の責任は免《まぬか》れないが、〝ごっつあん体質〟は野党議員もまったく同じ。特に立憲代表の枝野幸男の金払いの悪さは有名で、マスコミ関係者と飲んでも一銭も払わず、奢《おご》られて当然といった態度だという。こんな野党を国民が支持するはずがない。

〝人権軽視〟の公明党

とはいえ、与党にも情けない状況が発生していた。

二〇二一年四月六日午後、衆議院第一議員会館の大会議室では、外国での人権侵害に制裁を科す「日本版マグニツキー法」成立を目指す超党派の議員連盟の設立会合が開催されていた。百人近い議員やマスコミ関係者が集まるなか、〝ひな壇〟の中央に大きな身体を小さく丸め、気まずさを漂わせる議員がいた。公明党の参院議員、三浦信祐だ。

この議連は、欧米各国が新疆《しんきょう》ウイグル自治区における人権侵害を受けて対中制裁を発動しているのに対し、日本にはこうした制裁を科すための法的根拠が存在しないことを問題視して立ち上げられた。法の欠缺《けんけつ》を埋めるために、自民、立憲、共産など与野党の議員らが新たな議連設立に奔走したのだが、公明党だけがそこから取り残されていた。

公明党代表の山口那津男は、二〇二一年三月三十日の記者会見で制裁法の必要性について問われ、次のように語った。

「外国の人権侵害について、わが国が制裁措置を発動するとすれば、我が国がその人権侵害をしっかりと認定できる根拠を持ち、認定できる基礎がなければ、いたずらに外交問題を招きかねないと思います。新疆ウイグル自治区について、確かな人権侵害があったということを確認できていないというのが日本政府の立場でありますから、そうしたことを踏まえると、慎重に対応する必要があるのではないかと思います」

山口は、最大の貿易国として中国との関係の重要性を強調したうえで、新たな制裁法の立法について「慎重に検討すべき」と断じた。山口は党の幹部が集まる会合でも「公明党から議連に人を出す必要はない」と強硬に主張したのだ。

加藤勝信官房長官が政府見解として、ウイグルでの人権侵害に「深刻な懸念」を表明したことを覆《くつがえ》すかのような山口の主張に、公明党のベテラン議員も首を傾げる。

「『制裁は慎重にすべき』と言うならまだわかるが、『ウイグルでの人権侵害に根拠がない』なんて、言うべきではなかった。これでは、公明党が〝媚中〟の党だと宣言しているようなものだ」

実は公明党内でも、副代表の北側一雄や国対委員長の高木陽介らが「公明党からも議連に参加すべきだ」と主張するなど、山口への反対意見が噴出していた。そうした中で、山口は確信犯的に記者会見で公明党の方針を既成事実化しようとしたのだ。

結局、ギリギリになって一回生議員の三浦を「個人の資格で」参加させることで、公明党だけが孤立する事態は回避した。しかし、支持母体の創価学会幹部からも「中国と関係が深い池田大作名誉会長に気を遣ったのかもしれないが、あまりに認識不足のお粗末な発言だ」と呆《あき》れられる始末。公明党は、自衛隊施設や原発、国境離島など安全保障上重要な土地の利用を調査、規制する土地利用規制法案についても、「私権制限につながる」と猛反発して一部を〝骨抜き〟にし、「中国寄りなのではないか」との批判を浴びたばかりだ。公明党には、与党としての人権意識や安全保障観が厳しく問われている。

国会に復帰して〝命の選別〟を迫る蓮舫

結局、立憲は、蓮舫をしばし謹慎させたものの、再び国会で活用することになった。よほど人材が不足しているのだろう。そしてまた酷い質問を繰り返したのだ。

二〇二一年五月十日午後、参議院予算委員会の集中審議で質問に立った立憲民主党代表代行の蓮舫は、当時の菅総理にこう迫った。

「総理、指定病院にオリパラ大会の選手と日本人の搬送困難事由の人が同時に搬送された場合、どちらを優先して治療されるんですか」

前述したように、東京五輪の開催中止を党是としていた立憲ならではの架空質問の攻勢だ。なんとか言葉尻ないし失言を勝ち取ろうという底意がミエミエだった。

東京五輪に参加する外国人選手と日本人のコロナ患者が同時に救急搬送された場合、どちらの治療が優先されるのかという問いだった。荒唐無稽な質問に、菅総理が戸惑いながら答弁する。

「海外の選手は、厳格な行動管理を実施しますので、そうした可能性は極めて薄いというふうに思います」

我が意を得たとばかりに蓮舫が叫ぶ。

「総理、日本国総理大臣として答弁はたった一つですよ。国民が優先されるでしょう。守るべき命は、国民じゃないんですか！　ちょっと私、今びっくりしました」

わざとらしく大袈裟に驚いてみせた蓮舫だが、その発言こそが驚きだ。厚労省幹部は呆れかえる。

「こんなのは、命の選別をしろと迫っているようなものです。病院に患者が搬送されれば、医師は『外国人だから』『日本人だから』という理由で差別なんてするはずがない。

蓮舫さんは日本国民の命は守るけど、訪日している外国人の命は守る必要がないと言いたいのでしょうか。医師としては、症状や状況に応じて治療の優先順位を決めるのは当たり前。そもそも、こんな想定は非現実的なものでしかない」

オリンピックの際に指定される協力病院は大病院ばかり。そこで、日本人と海外選手の二者択一が迫られることなどあり得ないし、そもそもオリンピックに出場する若いアスリートがコロナで重症化して救急搬送される事態など考えにくい。オリンピックに協力病院が必要なのは、競技中の事故による整形外科の治療などに備えるためだ。入国前にワクチンを打ち、毎日ＰＣＲ検査を受ける選手たちがバタバタとコロナで倒れることを想定した蓮舫の質問は、前提からして滅茶苦茶なのだ。

蓮舫の言うことが正しければ、海外で日本人が急患として病院に運ばれても、自国民の治療が優先され、日本人は後回しにされても仕方ないということになる。「外国人の治療は後回しにして、日本人を優先しろ」という人の道を外れた言葉を平気で国会の場で吐いてしまう野党第一党の幹部。これが「おもてなし」をアピールして、大会を招致した国のやるべきことなのか。日本の恥としか言いようがない。

左翼陣営は五輪中止の大合唱団

蓮舫の質問の意図は、東京五輪が日本国民の命と健康に脅威を与えているというイメージを植え付けることだった。この日の予算委員会では、立憲は五輪中止要求に舵を切り、質問時間の半分以上をこの問題に割いた。衆議院では、立憲の山井和則議員が吠えた。

「菅総理の頭の中はオリンピック・ファーストで、結局コロナ対策、ワクチン接種、あるいは本当にこのコロナで苦しんでおられる事業者や国民への対策が、二の次になってしまっているのではないか」

これには、菅総理も語気を強めて反論した。

「大変失礼だと思いますけども、私はオリンピック・ファーストでやってきたことなどありません。国民の命と暮らしを守ることを最優先に取り組んできています。そこは明確に言わせていただきます」

菅総理の口から、これまで「オリンピック・ファースト」という言葉など一度も発せられたことはない。「政府が五輪開催に躍起になっているがために、感染症対応が後手に回っている」というストーリーを印象づけようという、いつもの野党の印象操作だ。

野党だけではない。示し合わせたかのようにこの時期に、日弁連元会長の宇都宮健児や、東京新聞の望月衣塑子、タレントの室井佑月ら、左派勢力が一斉に五輪中止の主張を強めた。これに釣られるように、世論調査でも六割近くの国民が五輪中止へと傾いた。しかし、五輪を中止すればコロナは収束するのか。大会の開催は本当に感染拡大を招くのか、科学的な根拠が示されることは一切なかったのは前述した通りだ。かつてのＧｏＴｏキャンペーンのように、東京五輪が槍玉に挙げられ、不満のはけ口となっているだけで、感情論による反対でしかなかったのだ。

例えば、東京五輪のためにスポーツドクター二百人、看護師五百人を募集していることが、あたかも医療逼迫《ひっぱく》を助長しているように批判されていた。しかし、厚労省幹部は否定する。

「オリンピックに必要な看護師は最低限の知識を持っている潜在看護師らだし、医師は整形外科医などのスポーツドクター。コロナ対策に従事している看護師や医師は、感染症の高度な専門技術を持っている人たちで、そういう人たちは五輪にはまったく関係ない。それを一緒くたに扱って、あたかも五輪が感染対策の弊害になるという主張は誤りです」

朝日・毎日の巧妙な印象操作

朝日新聞は二〇二一年五月八日付の朝刊で、「首相は夏の東京五輪について『人類が新型コロナに打ち勝った証』と位置づけ実現に突き進む。五輪開催を意識するあまり、コロナ対応が後手に回り、中途半端になっているように見える」との記事を掲載した。「意識するあまり」や「中途半端になっているように見える」といった、具体性もエビデンスも欠いた主観的な思い込みばかりだ。

毎日新聞も同年五月十一日付の朝刊二面で、「五輪は生命維持装置?」という見出しで、「内閣支持率が低迷するなか、五輪を『一発逆転』のチャンスととらえているようにも見える」と指摘した上で、「五輪を与党の『生命維持装置』のように扱い、状況が深刻なのに強行する。そんなことになれば市民の生命維持装置が外される事態にもなりかねない」と記した。朝日とまったく同じパターンの巧妙な印象操作だ。結局、野党と左派マスコミが結託して、レッテル貼りに勤しんでいるだけなのだ。

立憲職員が本音を漏らす。

「東京五輪が中止になれば、七月四日の都議選で自民は惨敗するし、菅政権も追い込まれる。これまでにどれだけ莫大な税金を五輪のために無駄に費やしてきたんだと追及すれば、国民の政権批判も高まるでしょう。だから、何としても中止に追い込みたいね」

結局、野党と左翼メディアにとっては五輪も政権に打撃を与えるための政局の道具でしかなかったのだ。

第十一章　有働由美子キャスターが、ドイツを見習えと迫って菅総理に〝返り討ち〟

数字すら調べずフェイクな印象論だけで政府を貶めるだけの〝お気楽〟地上波テレビの論客たち

辻元清美の悲鳴

暮れも押し迫った二〇二〇年十二月二十八日、朝刊を広げた立憲民主党副代表の辻元清美は叫び声を上げた。

「なんでウチの支持率が下がってんねん！」

この日、発表されたのは読売新聞の全国世論調査の結果。立憲民主党の支持率は前回の五％から三％へと下落していたのだ。

辻元がショックを受けたのも無理はない。この三日前、辻元は衆議院の議院運営委員会で口角泡を飛ばしながら、安倍晋三前首相を追及したばかりだった。

「道徳心とか愛国心と人一倍おっしゃってたじゃないですか。子供の教育にも悪いです。けじめをつけて、議員辞職なさったらどうでしょうか」

〝桜を見る会〟の前夜祭をめぐる過去の答弁を訂正するために閉会中の国会審議に応じた安倍前首相。これに対し野党は、国会での〝虚偽答弁〟は「百十八回に及んだ」として、議員辞職を迫ったのだ。歴代最長の政権を率いてきた宰相への敬意など微塵もなく、得意満面でいたぶった辻元。国民は拍手喝采を送るだろうと勘違いしたのだろうが、世論は立憲に愛想を尽かすばかりだった。コロナが深刻な時に嬉々として〝桜〟の追及を続ける野党に、国民は三行半《みくだりはん》を突きつけたのだ。そして、質問者の辻元も、一年後の総選挙で国民から「議員失格」（落選・比例復活もならず）の烙印を押されたのだ。

立憲幹部はSNS中毒

辻元が悲嘆した世論調査……。その後の各社の世論調査でも、立憲の支持率は五％前後と低迷を続けた（それは今も続いている。時には維新に抜かれて野党第二位になることも）。一方、コロナ対策で苦戦を強いられていた当時の菅内閣の支持率も大幅に下落する中で、野党第一党の支持率が一切、上昇の兆しを見せないのは前代未聞だった。その背景について、立憲民主党の中堅議員は幹部を厳しく糾弾する。

「立憲の幹部連中は一日中、SNSにかじりついて政権批判をしているだけで、まったく存在感を出せていない。こんな時は野党こそ国民に向き合わなければいけないのに、政権の足を引っ張ることしか考えていないからだ」

実際にツイッターを見てみると、その言葉の意味がわかる。二〇二一年一月七日午後、幹事長の福山哲郎は次のように発信した。

「東京都コロナ2000人超の感染確認 連日の最多更新です」

その三時間後には以下のツイート。

「東京2000人をはるかに超えて2447人の感染を確認。もちろん過去最多。医師会の幹部も言及されていましたが、すでに感染爆発」

これに対し、ツイッター上では「嬉しそうですね」「記録更新を喜んでいるようにしか見えない」「そんな報告より、政府と対策を練ってください」「他人事なコメントにがっかりです」などと批判が殺到した。

同年一月七日、菅総理は記者会見で「世論調査などを見ると国民の三分の二が東京五輪開催に懐疑的なのではないか」と質され、「新型コロナの克服に全力を尽くす。その上で感染対策を万全にして安全・安心な大会を実現したいという決意だ。日本でも二月下旬までには何とかワクチン接種をしたい。こうしたことをしっかり対応していくことによって国民の雰囲気も変わってくるのではないか。いずれにしても、今はコロナ対策に全力で取り組んでいきたい」と語った。

これに対し、立憲代表代行の蓮舫はツイッターで「五輪のためにワクチンがあるのではありません。国民の命を守るためにワクチンがあるのです」と菅総理を名指しで批判した。しかし、総理の答弁をどう読んでも、「五輪のためにワクチンがある」などと主張しているようにはみえない。「コロナ対策よりも五輪開催にこだわる菅総理」という自分に都合の良いストーリーに仕立て上げたいのだろうが、まったくの言いがかりだ。こういった言いがかりはこのときから、五輪閉会までずっと続くのは前章で詳述した通りだ。

こうした国民を煽《あお》るためだけの当事者意識の欠如したツイートが日々、立憲幹部によって繰り広げられていた。政権を無責任に批判するだけでは支持率は上がらないことに、いい加減気付かないのだろうか。気づかないまま、そんなひとりよがりのツイートを発信し続け、総選挙を迎え墓穴を掘ったともいえよう。

感情論だけの政府批判

批判一辺倒なのはマスコミも同じだった。感染者の増加を受けて「緊急事態宣言をなぜ出さないのか」と煽っておきながら、宣言を出せば「経済に深刻な打撃」と飲食店の悲痛な声を伝える。そこにあるのは、やはり当事者意識の欠如。コロナ禍で溜まる一方の鬱憤を、すべて政権に「八つ当たり」しているだけだ。感染者を減らすために各メディアが真剣に汗を流した形跡などどこにもない。テレビ各局は、公共の電波を使って素人コメンテーターの意見を垂れ流すくらいなら、若者の行動変容を呼びかける建設的な放送をするのが社会的な使命ではないのか。だが、そんな使命感ゼロのコメンテーターが少なくない。その実例としてこんなものがあった。

二〇二〇年十二月十六日に、日本テレビ系「ｎｅｗｓ ｚｅｒｏ」の有働由美子キャスターは菅総理への単独インタビューを行った。そこで、有働は「ドイツの取り組みを参考にすべきではないか」と問いかけると、菅総理は呆《あき》れてみせた。

「ドイツは日本の人口の約四分の三ですが、感染者数は毎日二万人。日本は、死者についてもドイツの十分の一に抑えているんですよ」

これに対して、有働は「総理からのメッセージが届いていないと思う」と食い下がったが、これも印象論に過ぎない。

コロナという厄介な敵に手を焼く菅内閣に対し、野党・マスコミは「対応が後手後手だ」と批判を強めている。しかし、結果論だけなら誰にでも言える。東京商工リサーチによると、二〇二〇年一年間の企業倒産件数は前年比七・二％減と二年ぶりの減少に転じ、三十年ぶりの低水準となったという。また、厚生労働省の統計によると、二〇二〇年一月から十月までの日本の死亡者数は、前年同期より一万四千人減ったというのだ。感染症対策で守る命も重要だが、経済を支えることで守る命も同様に重要なはずだ。

それでも、日本の失業率は諸外国と比べて、極めて低水準で踏みとどまっている。コロナの感染者数・死者数もしかりだ。そうした客観的な数字など見向きもせず、野党・マスコミはとにかく国民を煽れるだけ煽ろうとしか考えていないのだ。

政権の苦境に、大喜びしている連中はほかにもいる。天下り斡旋問題で文科次官をクビにされた前川喜平は〝桜〟問題における安倍前首相の対応について、ツイッターでこう指摘した。

「ウソの上にウソを塗り、そのウソの上にまたウソを塗る。ウソのミルフィーユ。ウソの無限連鎖」

文科次官時代の出会い系バー通いを「貧困調査のためだった」と説明した前川の発信に、ネット上では「お前が言うか」「自己紹介ですか？」と非難の声が相次いだことがあった。

官房長官時代の菅総理に、記者会見で執拗《しつよう》に食い下がることだけで有名となった東京新聞の望月衣塑子記者も一日中、SNSでの発信を繰り返し、「リーダーを代えるべきだ」などと無責任に叫ぶ。望月は『AERA』のインタビューで、「ドイツのメルケル首相は昨年（二〇二〇年）十二月の演説で、目に涙を浮かべながら、ドイツ国民にメッセージを送った。菅さんは言葉に『魂』を込めてほしい」などと語った。繰り返しになるが、ドイツではコロナの感染爆発を止められず、当時は、二〇二一年四月下旬までロックダウン状態が続くことが想定されていた。演説の上手さだけで感染拡大が止められるなら苦労はしない。新聞記者とは思えない、エビデンス無視の低レベルの感情論で政権批判をしているだけなのだ。だからこそ、前述したように、赤木雅子（森友事件で自殺した赤木俊夫の妻）からも不審の目で見られるのだ。

国民のために働く内閣を目指したものの……

こうした現状について、菅総理自身は「批判は甘んじて受けるが、支持率について一喜一憂はしない。今は一つ一つ結果を出して、国民に安心してもらうことだけを考えている」と捉えており、当時は、まったく動じる様子はなかった。

確かに、秋田出身で生粋の東北人の菅総理にとって、記者会見などでのパフォーマンスは不得手だ。ＧｏＴｏキャンペーン等をめぐる混乱も、菅総理の発信力不足が要因の一つとなったことは間違いない。しかし、そもそも無派閥・叩き上げの菅はパフォーマンスで総理の座にのし上がったのではない。菅の真骨頂は、失うものがないからこその凄みで霞が関の官僚たちをねじ伏せ、省益ではなく国益のために動かす豪腕にある。官房長官として危機管理の修羅場を乗り切ってきた精神的な強靱さと胆力、決断力は、永田町で右に出るものはいない。官邸関係者はこう指摘する。

「二〇二〇年のクルーズ船でのコロナ対応も、菅さんが陣頭指揮を執ったから各省庁を動かして結果的に被害を最小限に食い止めることができた。これから全国民へのワクチン接種など、各省庁にまたがる困難なオペレーションがある中で、菅総理にしっかりと本領発揮して働いてもらうのが、国民のためではないか」

二〇二一年は、四月の補欠選挙、七月の都議選、そして総選挙、自民党総裁選と重要な政治日程が目白押しだった。一月十八日に開会する通常国会について、立憲国対委員長の安住淳は「〝桜〟と〝卵〟とコロナで、菅内閣を追い詰める」と自信たっぷりに語った。一方の自民党内は、内閣支持率の低下で、選挙に弱い若手は浮き足立っていたのは前述した通りだ。

二〇二〇年九月の総理就任以来、一日の休みもなくコロナ対策に邁進する菅総理にとって、感染者数を減少に転じさせることができるかだけがカギだった。私利私欲なく〝国民のために働く内閣〟の下、自民党が一致結束できるかが問われていたのだが、その菅の目論見は、現実の前に破綻していった。

第十二章　安倍・菅の〝背中を撃つ〟卑怯な左派メディア

朝日・毎日が報じる「説明から逃げた」というフェイクに騙されるな

解散から逃げた「キレない男・枝野」の遠吠え

二〇二〇年十二月五日、菅内閣にとって初めての国会論戦の場となった臨時国会は、四十一日間の会期を終えて静かに幕を閉じた。終盤国会の焦点は、立憲民主党代表の枝野幸男が、内閣不信任案の提出に踏み切るかどうかに絞られていた。十一月三十日、記者団のぶら下がり取材に応じた立憲国対委員長の安住淳は「私がキレたらどうなるかわからない」と政府与党を威圧してみせた。しかし翌日、記者団の前に現れた安住は、バツが悪そうに頭を搔いた。

「不信任案を出す大きなきっかけは消えたたな」

いったい何が起きたのか。内閣不信任案が可決されれば、首相は衆議院を解散するか、内閣総辞職をしなければならない。内閣不信任案こそ、野党が政府与党に突きつけられる最大の切り札。だからこそ、これまでは国会が終盤になれば、不信任案をめぐって与野党が激しい駆け引きを繰り広げてきたのだ。

新型コロナ対策に邁進する菅総理は、この時点における解散については一貫して慎重姿勢だったが、周辺には「野党が不信任案を出すならば、解散で受けて立つ」と明言してきた。一方の枝野も、「不信任案を出すかどうかは、ギリギリまで決めない。政府の態度次第では出してやろうかな」と強硬姿勢で応じてきた。しかし、この虚勢も長続きはしなかった。二〇二〇年十一月下旬、菅の本気に気付いた枝野は立憲幹部に対して、本音を漏らすことになる。

「不信任案を出して、私のせいで解散をされたとは言われたくない」

野党第一党の代表とは思えない弱々しい言葉に、立憲幹部も押し黙るしかなかった。解散総選挙に突入すれば、支持率五％前後の立憲が壊滅状態になることは火を見るより明らかだったからだ。

同年十二月一日、自民・立憲の幹事長会談で、国民投票法改正案について、来年の通常国会で「何らかの結論を得ること」が確認された。改正案を憲法改正への第一歩と見なし、採決を邪魔し続けてきた立憲にとっては、突然の大きな譲歩だった。自民党としては、強行採決をちらつかせてはきたが、コロナ禍においてそれを実行するつもりなどハナからなかった。先送りを強いられてきた改正案を、次の通常国会で穏便に採決できることが確約されたのだから、願ったり叶ったりだった。一方、不信任案を出さない大義名分を必死に探していた立憲は、この合意に飛びつかざるを得なかった。立憲は支持者に対し「自民党の強行採決断念を勝ち取った」とアピールすることで、不信任案を出さない言い訳としたのだ。

しかし、こんな理屈が通用するだろうか。学術会議問題や桜を見る会、ＧｏＴｏキャンペーンなどをめぐり菅政権を罵《のの》り攻撃しておきながら、突然「内閣を信任できる」と翻《ひるがえ》すのだから、国民が理解できるはずがない。虚勢を張っておきながら、虎に睨まれて震える子犬のように、枝野は解散怖さに尻尾を巻いて逃げていったのだ。

安住閣下の大ウソ——閉会直後にゴルフ

言っていることとやっていることが大違いなのは、ちびっこギャングこと、安住閣下も相変わらずだった。臨時国会の閉会前日の二〇二〇年十二月四日、安住は他の野党の国対委員長とともに、衆議院の大島理森《ただもり》議長の部屋を訪ね、会期延長動議を提出した。テレビカメラの前で、安住がふんぞり返り、まくし立てる。

「感染拡大の可能性が極めて高いという専門家の報告を聞くと、我々国会がここで閉会をして、冬休みを取るわけにはいきません」

新型コロナ対応や、桜を見る会、吉川貴盛元農相の疑惑を解明するために、年末まで国会会期を延長することを求めたのだ。

しかし、立憲関係者は声を潜めながら、明かした。

「安住さんは、国会を閉じた翌週の平日に、同僚議員とのゴルフの予定を入れているんですよ。予約は十一月の終わりにはしていたそうです。つまり、会期を延長する気なんて、まったく無かったということですよね」

コロナ禍の深刻さを訴えながら、自らはちゃっかり翌週から平日のゴルフに興じていたという安住。

思い返せば、二〇二〇年六月にも、通常国会の会期延長を訴える「国会を止めるな」キャンペーンをツイッターで主導しながら、延長せずに閉会となった夜に、女子職員らとの打ち上げパーティーを催していた前科が彼にはあったのだ。

ことの経緯は以下のとおりだ。

二〇二〇年六月十七日、百五十日間の会期を終え、通常国会が閉会した。その夜、東京・赤坂のTBSからほど近いスペイン料理店は、貸し切り営業を行っていた。中では〝三密〟などお構いなしに、約二十人男女の一団が和気藹々《あいあい》と生ハムやパエリアに舌鼓《したつづみ》を打つ。その中心にいたのは、お気に入りの女性党職員からビールを注がれ、ご満悦な〝ちびっ子ギャング〟こと立憲民主党国対委員長の安住淳だった。赤ら顔の安住が、女子職員に囲まれ、おちゃらける。

「今日は密になっちゃうな」

この日、開かれていたのは、立憲民主党などの共同会派の国対役員や職員による打ち上げパーティー。安住がどうしてもやりたいと熱望して実現した会だった。しかし、参加した立憲のある議員は、眉をひそめる。

「安住委員長は、国会の会期延長を求めるキャンペーンをやっていた一方で、一週間も前から、閉会日に打ち上げの予定をしていたんだよ。実際は会期を延長する気なんて、さらさらなかったんだろうね」

この九日前、安住は国会で記者団に対し、「新型コロナウイルス感染の第二波、第三波が来たときに、本会議や委員会を開けないで国民は納得するのか」と熱弁を振るった。そして、与党に対し国会の大幅延長を求めるとともに、ツイッター上でハッシュタグを付けて賛同の投稿を促す「国会を止めるな運動」を展開する考えを明らかにしたのだった。

しかし、その裏側で、実は安住は党職員に指示をして、内輪の打ち上げパーティーを企画させ、スペイン料理店の予約を取らせていたのだ。党職員は議員らに対し、「打ち上げがあることは内密にしてください。案内の紙も作りません」とバツが悪そうに触れて回ったという。安住の呼びかけを真に受けて、「#国会を止めるな」とツイートされた数は約三万件と尻すぼみに終わったが、安住の言動に果たして国民は納得するのか。

ジョンソン首相と自民議員のどっちを見習うのか？

英国のジョンソン首相も、時同じころ（二〇二〇年五月十五日ほか）、官邸内のバルコニーや庭園で開催されていた職員たちのご苦労さん会（ワイン＆チーズ）などに顔を出したことが、二〇二二年一月に発覚して、首相退陣を野党や一部与党内から求められるといった事態を招いたりもしている。ジョンソン首相は、釈明に追われたが辞任・辞職は拒絶した。

ともあれ、今からでも遅くないから、日本の左派メディアも安住の離党・議員辞職でも要求してみたらどうか？

というのも、自民党・公明党議員の場合、離党を余儀なくされた議員がいたではないか。二〇二〇年二月一日午後三時、自民党本部四階で待ち構えていた三十人以上の記者・カメラマンの前に、俯《うつむ》きながら現れた三人の国会議員。松本純国対委員長代理、田野瀬太道《たいどう》文部科学副大臣、そして大塚高司国対副委員長だ。ここで三人は、緊急事態宣言中の深夜に東京・銀座のクラブを訪れた責任をとり、自民党から離党することを発表した。国民に外出自粛という我慢を要請しながら、自分たちは銀座の店をはしごしてホステスと同伴出勤していたのだから言語道断だ。この事実を知った菅は「何をやっているんだ！」と激怒し、即座に田野瀬の更迭と、三人への離党勧告を指示した。

自民党国対関係者の間で、この三人が以前から夜な夜な飲みにくり出しているのは有名な話だった。だから、松本の銀座クラブ通いが『週刊新潮』(二〇二一年二月四日号)に報じられたとき、周囲は田野瀬と大塚に対して「一緒に行っていたのなら早く白状した方が良い」と勧めた。しかし、二人は「そうなんだけど、どうすればいいのだろう」と頭を抱えるだけで、あわよくば逃げ切ろうとしていたという。

姑息なのはそれだけではない。新聞や週刊誌では報じられていないが、国対委員長代理を務めていた松本は、自身の不祥事が週刊誌に報じられると、ある人物の携帯電話を鳴らして探りを入れたという。

「遠山さんの処分はどうなりました？　役職を辞めたりしませんよね？」

電話の相手は公明党幹事長代理の遠山清彦。遠山も『週刊文春』に銀座クラブ通いが報じられたばかりだった。遠山が戸惑いながら辞任の考えがないことを伝えると、松本はホッとした声で言い放った。

「ああ、良かった。遠山さんが辞めたら、私も辞めなければいけない。どうか辞めないでくださいね」

松本は離党どころか、役職を辞める気すらなかったのだ。しかし、その願いは叶わず、この五日後に遠山が議員辞職することを発表。松本も退路を断たれることになる。

三人の元自民党議員は次期衆院選に無所属候補として臨むことになったが、松本は落選。田野瀬は無所属で当選し、自民党に復党。大塚は不出馬だった。遠山も政界を引退したものの、貸金業法違反（無登録業務）の罪で、東京地検特捜部に在宅起訴され、公明党を除名された。

「引きずり降ろす」べきは汝自身では？

とにもかくにも、安住は二〇二〇年九月、新聞インタビューで「国民目線でなければ政権から引きずり降ろす」と、威勢よく上から目線で政権を批判した。では、安住や枝野の行動のどこに国民目線があるのか。国民を裏切り続ける野党幹部こそ、引きずり降ろされるべきではないだろうか。

この臨時国会を振り返ってみると、野党は貴重な審議時間の大半を、次章で後述する学術会議や〝桜〟に費やし、相変わらずの批判一辺倒の姿勢を貫いた。二〇二〇年十一月二十五日、衆議院の予算委員会で質問に立った立憲の大西健介議員は、こんな本音をのぞかせた。

「桜を見る会の前夜祭について質問したいと思うんですけれども、私、当初、本当は児童手当の減額の話を今日しようと思ってたんです。共働きの家庭が教育や子育てを諦めてしまうようなことは、絶対に私はやってほしくない。これはちょっと別の機会にさせていただきたいと思います」

立憲の国対関係者が裏事情を解説する。

「大西議員は、本当は政府が検討している児童手当の特例給付見直しについて、質問しようと思ったのです。ところが、これに文句を付けたのが安住。『〝桜〟問題をやらなければ質問者を代えるぞ』と脅され、渋々、質問を変更したのです」

政府与党のスキャンダル追及にばかり血眼《ちまなこ》になる野党幹部の独裁政治が続く限り、野党の支持率が浮揚することはないだろう。何度も言うが、それが昨秋の総選挙で証明されたのだ。

左翼メディアの感情的すぎる印象操作

劣化が激しいのは野党ばかりではなかった。左翼メディアの横暴な振る舞いも目を覆うばかりだ。

実質的な国会の閉会日となった二〇二〇年十二月四日、「桜を見る会」前夜の夕食会をめぐる疑惑が取り沙汰されていた安倍元首相は、報道各社の求めに応じ、国会議事堂一階の正面玄関でぶら下がり取材に応じた。

幹事社のテレビ局記者が代表となり、厳しい口調で前首相の関与や責任を追及する質問を矢継ぎ早に浴びせたが、安倍元首相は終始冷静さを失うことはなかった。「捜査が行われている段階では、お答えできない」と繰り返しながらも、「捜査には誠意を持って対応していく。捜査への対応が決まった段階では、お話しできることはお話しします」と丁寧に応じた。質問は九問にも及び、幹事社の記者が「各社で質問はありますか？」と呼びかける。しかし、追加の質問は出ない。沈黙が五秒間ほど続くと、安倍前首相は「ありがとうございました」と言って、報道陣の前から立ち去ろうとした。

そして、後ろ姿をみせた瞬間に、男性記者が叫んだのだ。

「現時点で、お話しされるつもりはないんですか！」

安倍は、すぐに踵《きびす》を返し、苦笑いを浮かべた。

「私が背中を向けた段階で、ぜひ、言わないでいただきたい」

この安倍の言動について、毎日新聞は「いら立ちをのぞかせる一幕もあった」などと報じ、安倍があたかも感情的に取材に対応したかのような記事を配信した。しかし、これこそが最近の左翼メディアの常套《じょうとう》手段なのだ。

二〇二〇年十一月二十六日夕方には、菅総理が官邸エントランスで退邸間際に報道陣のぶら下がり取材に臨んだ。記者からコロナ対応について質問をされると、菅総理は飲食店の営業時間短縮を決めた経緯や、感染拡大地域への保健師の派遣について説明した上で、「皆さんと一緒になってこの感染拡大を何としても乗り越えていきたい」と国民へ訴えた。そして、出口に向かい立ち去ろうとすると、毎日新聞と北海道新聞の記者が菅の背中に向けて、「なぜＧｏＴｏトラベルには触れられないのですか」「会見はしないのですか」などと大声で質問を浴びせたのだ。

このやりとりについて、毎日新聞は「首相はぶら下がりを一方的に打ち切り、追加質問を投げかけたが、全く答えずに官邸を後にした」とした上で、「コロナに関する政府対応を丁寧に説明する姿勢は見られない」と断じた。しかし、一方的なのはメディアの方ではないか。官邸エントランスでのぶら下がりでは、質問は事前に通告されたものに限るのが官邸と記者クラブの暗黙のルールであった。左翼メディアは、そうした原則を知りながら、総理の背中に質問を浴びせることで、「説明から逃げた」という印象を植え付けたいだけなのだ。

ジャーナリズムの実態

印象操作はこれだけではない。菅総理が官邸で五十分間にわたって記者会見を行った翌日の二〇二〇年十二月五日、朝日新聞は朝刊で「説明責任　背向ける首相」と大きく見出しをうち、「菅総理は国会での質疑と同様、質問に正面から答えなかった」との記事を展開した。その中で、朝日は、予算委員会などで総理が「答弁を控える」「答える立場にない」という言葉を百十一回繰り返したと、ご丁寧にも数え上げてみせたのだ。これについて、菅総理も呆れ返っていたという。

「同じ質問を繰り返されるのだから、同じ答えをするしかないだろう」

これは総理の言う通りだろう。学術会議の会員候補を任命拒否した個別の理由など、公の場で説明できるはずがない。それにもかかわらず、執拗《しつよう》に質問を繰り返したのは野党議員だ。

さらに、〝桜〟など捜査当局が捜査中の事案について、総理が「答える立場にない」と言わざるを得ないのも当然だ。もし、口先介入すれば、捜査機関への圧力を与えることにもなりかねないからだ。問題は「答弁できない」と繰り返す総理にではなく、答弁できないことを分かっていながら同じ質問を繰り返す側にあるのではないか。こんな質疑では、議論が深まるはずがない。それを「説明から逃げた」と評するのだから、たちが悪い。総理の答弁を数え上げる暇があるのであれば、野党議員がどれだけ同じ質問を繰り返したかを同様に数え上げるのが、客観性・公平性を重んじるジャーナリズムのあるべき姿ではないだろうか。

第十三章　「しんぶん赤旗」に便乗した学術会議追及も立ち消えに

「学術会議」をいくら追及しても、政権打倒には結びつかないのに、小躍りした立憲の勘違い

日本学術会議の闇

枝野幸男を喜ばせた一つの出来事があった。菅総理が日本学術会議の新会員候補六人を任命拒否した問題だ。共産党の機関誌「しんぶん赤旗」の〝スクープ〟（二〇二〇年十月一日付け）に野党と左翼メディアは飛びつき、菅政権の初スキャンダルとして大騒ぎを繰り広げた。

枝野は、ほくそ笑んだ。

「この問題で一年間は政権を追及できるな。菅内閣の高い支持率も、国会が始まれば急落するだろう」

その言葉通り、野党は連日のようにマスコミを呼んでヒアリングを行い、学者らと一体となって政権の判断を糾弾。平仄《ひょうそく》を合わせるように朝日新聞や毎日新聞は「学問の自由への政権の介入だ」と批判キャンペーンを大々的に展開した。

しかし、彼らが意図的に覆い隠そうとしているのは、日本学術会議という知られざる組織の本質だった。ある自民党関係者はその実態をこう指摘する。

「学術会議なんて、左翼の巣窟《そうくつ》みたいなものだ。共産党員もたくさんいる。だから、潰してしまえばいいんだろうけど、政府が表立ってそう説明するわけにもいかないからな」

問題になった推薦名簿を作成した前会長の山極寿一《じゅいち》京都大学前総長についても、共産党との深いつながりが指摘されている。山極氏は、二〇二〇年六月に「しんぶん赤旗」に登場し、「資本主義は限界」とする持論を展開している。この問題を最初に報じたのが「赤旗」というのにも理由があるのだ。国会でも自民党の山谷えり子議員が、学術会議が二〇一五年に中国科学技術協会との協力促進を図る覚書を交わしたことを踏まえ、「中国に対して協力的だ。考え直す議論はなかったのか」などと指摘している。

前会長の山極氏は、今回の推薦にあたって、これまで行われてきた政府側との事前のすり合わせも行わず、いきなり名簿を突きつけて「全員任命しろ」と迫ったという。学術会議内では、会員が退任するとき、自らの研究室の後輩や子飼いの学者を後継指名するという慣例が横行していることも明らかになっている。

学術会議の会員になれば、その次のステップとして「日本学士院」という特権階級への道も開かれる。学士院の会員になれば、生涯にわたって年間二百五十万円の年金が支払われる。これについて、毎日新聞は「学術上の功績を考えれば『既得権益』などと呼べないだろう」と報じているが、庶民感覚とかけ離れていると言わざるを得ない。政府が学術会議の要求通りに推薦人名簿を追認するだけなら、責任放棄以外の何ものでもなく、国民への裏切り行為とのそしりを免れない。

断固たるメッセージ

野党やメディアは六人について「安保法制などに反対したから任命を拒否された」と〝レッテル貼り〟していたが、官邸関係者は「まったく事実ではない」と否定した。現に任命された九十九人のうち、少なくとも十人の学者が、同様に安保法制に反対する考えを示しているのだ。野党や左翼メディアにとっては都合の悪い事実なのか、こうした事実にはまったく触れもしない。

菅総理は周辺に、「日本学術会議は既得権益、そして悪しき前例主義の最たるものだ。行政改革の一環として、切り込んでいく」と宣言している。つまり、今回の任命拒否は、「白い巨塔」を地で行く閉鎖的で不透明な利権にメスを入れるという政権の断固たるメッセージなのだ。日本学術会議は会員二百十人に対して、職員が五十人もいることも判明している。毎年十億円を費やして、納税者たる国民にどれだけの利益を還元してきたというのか。税金を食いものにしていると言われても仕方ない、学者たちの既得権益を打破することこそ、国民の利益にかなう。

この問題について、歴史学者らの呼びかけで、任命拒否の撤回を求めるインターネット上の署名が十数万件を超えたという。しかし、学問の自由を声高に叫ぶのであれば、学者たちはむしろ国家権力との距離を保つべきではないか。ジャーナリストは報道の自由を守るために、国家権力と一線を画すことが求められる。学者らが、学問の自由を守れと主張しながら、特別国家公務員である学術会議会員という特権に拘泥《こうでい》するのは矛盾としか思えない。

身内からもヤジられて？

二〇二〇年十月二十六日に召集される臨時国会で、野党は学術会議の問題に焦点を当てて政府を追及していったが、果たして、国民はそんなことを望んでいたのか。学術会議の問題が明らかになってから行われた十月のTBSの世論調査では、菅内閣の支持率が七〇・七パーセントと高位置をキープしたのに対し、新しく生まれ変わったはずの立憲の支持率は四・五パーセント。国民民主に至っては、〇・四パーセントという惨憺《さんたん》たる状況だ。

永田町では、こうした状況を受けて、二〇二一年一月の通常国会冒頭での衆議院解散という観測が強まっていた。

ともあれ、国会ではこんな滑稽なシーンも見られた。

「小西、そんな質問じゃダメだ！　きちんと質問しろ！」

二〇二〇年十一月五日午後、参議院第一委員会室に怒声のようなヤジが響き渡った。

傍聴席に座っていた立憲民主党の参院国対委員長、難波奨二《しょうじ》が怒りをぶつけた先は、政府でも与党でもなく、質問席に立っていた同党の小西洋之だった。

野党は、この日も、予算委員会でターゲットを日本学術会議の任命拒否問題に絞り、政府を攻め立てていた。そんな中、クイズまがいの品性下劣な質問ぶりで有名な小西は、官僚イジメに勤《いそ》しんでいた。

「私が配布している会議録、下線を引いたところを読み上げてください、官房長！」

内閣府の官房長や、内閣法制局の長官を指名しては、長々と過去の会議録を読み上げさせる嫌がらせ。自らの質問時間を費やさないで済むように、意味のない読み上げを一時間あまりの質問で、実に七回も執拗《しつよう》に繰り返させた。ところが肝心の追及の中身はスカスカ。総理大臣による日本学術会議の会員の任命が「形式的」という過去の答弁との整合性を質したが、「内閣法制局の了承を得た上で任命をしている」との答弁を繰り返した政府側とのやりとりは終始、平行線のまま。小西の質問に、野党議員たちも「まったく攻め切れていない」との苛立《いらだ》ちを募らせていた。

一時間ほど委員会室を離席していた立憲の新人議員、田島麻衣子は席に戻ると、周辺に聞こえるように深いため息をついた。

「まだ、学術会議をやっているの？」

国連職員を辞めて国会議員に転身したものの、野党の呆れた現状に嘆息するしかなかったのだろう。菅内閣として初めての論戦の舞台となった臨時国会。結局、四日間にわたって開かれた衆参の予算委員会で、野党議員らは質問時間の半分近くを日本学術会議の問題に費やした。

立憲幹部の大誤算

予算委員会が始まる前までは、前述したように、枝野をはじめとする立憲幹部は日本学術会議問題の追及で「菅総理の首を取る」と息巻いていた。小西に先立ち、参院のトップバッターとして質問に立った立憲の蓮舫代表代行も、冒頭から菅総理に詰め寄った。

「国民が最優先でしてもらいたいのは学術会議問題ですか?」

菅総理について「支離滅裂を超えている」とヒステリックに批判した蓮舫だが、彼女の質問こそ意味不明だった。菅総理は所信表明演説でも日本学術会議の問題についてなど一言も言及していない。新型コロナや経済対策、米国の大統領選など国民生活に直結する深刻な課題が山積している中で、学術会議問題を最優先したのは野党の方だったたからだ。菅総理は売られたケンカを買っただけだ。

蓮舫の質問にはネット上でも「その言葉をそっくりそのままお返しします」「いい加減、学術会議を終えて他のことを議論してほしいのは国民だよ」「学術会議を問題にしているのは立憲だろ。本当に立憲は存在しているだけで日本の害」などと批判の嵐が巻き起こっていた。

そんなこともつゆ知らず、一連の予算委員会の質疑を終えて、立憲代表の枝野幸男は番記者たちとの懇談で高笑いを見せた。

「菅政権は、この学術会議の問題で泥沼にはまったな。次々にぼろが出ているよ。当面はこの問題を続けていくぞ」

しかし、枝野の顔面が蒼白に変わったのは、このわずか五日後。読売新聞の世論調査は、菅内閣の支持率が前月から二ポイント上昇し、六九％という高さになったことを明らかにしたのだ。そして「次の衆院選の比例代表での投票先」という設問では、自民党が七ポイント上がって五四％だったのに対し、野党第一党の立憲は、三ポイント下げて八％となってしまったのだ。

この日の自民党役員会で、菅総理は「予算委員会を終えて、内閣支持率が上がったのは初めてじゃないか」と驚いてみせた。通常、野党が一方的に政府を攻撃する予算委員会の直後は、内閣支持率は低下するものだ。それが、まったく逆の結果になったのだから、立憲にとっては大ショックだっただろう。予算委員会で質問に立った立憲の副代表、辻元清美も「なんで支持率が上がるのか、まったく理解できない」と地団駄を踏んだ。この結果に、立憲幹部は一様に、頭を抱えたという。

自民党幹部が解説する。

「国民には日本学術会議の任命問題への不満よりも、学術会議という閉鎖的な組織を改革すべきという声が多いんだよ。政府がなぜ学術会議に諮問をしないかといえば、共産党の息がかかった学者たちに提言をさせても意味がないから。完全に野党は戦略を誤ったね」

自民党では、日本学術会議のあり方を見直すためのプロジェクトチームを立ち上げ、年内に提言をまとめる方針だ。このチームの会合に呼ばれた学術会議の三人の元会長は「会員が公務員である必要性は感じたことがなかった」と語った。だとすれば、学術会議はさっさと民間団体とすればいい。野党は「学術会議の独立性」を訴えるのだから、民間団体となれば政府の介入を心配する必要もなくなる。野党は、そろそろ国民の声に耳を傾け、方針を転換しなければ、支持率の凋落《ちょうらく》に歯止めをかけることはできないだろう。結局、自民党は、二〇二〇年十二月十一日に、政府から独立した法人格への組織変更を求める提言などを井上信治・科学技術担当相に提出した。

左翼メディアの印象操作

世論調査といえば、この間の左翼メディアの偏向報道も突出していた。毎日新聞の二〇二〇年十一月八日朝刊一面には、こんな見出しが躍った。

「『任命拒否は問題』三七％」

毎日新聞による世論調査の結果を伝える記事の見出しで、これだけ見れば学術会議の任命拒否について、国民が強い反発を感じていることを印象づける。しかし、記事の内容を注意深く読んでいくと、「任命拒否は問題」と答えた人が三七％だったのに対し、「問題だとは思わない」と答えた人は四四％、「どちらとも言えない」は一八％だったというのだ。なぜ、低い方の数字をあえて見出しで大きく取り上げるのか。これを印象操作と呼ばずに、なんと呼ぶのか。

印象操作といえば朝日新聞も負けていない。二〇二〇年十月二十日朝刊の政治面では、菅総理の著作に関する囲み記事が掲載された。

「菅首相の著書、改訂版が発売 公文書管理の記述消える」

菅総理が野党議員時代の著作を再構成して、改めて出版した新書『政治家の覚悟』（文春新書）について、朝日は「『公文書の管理の重要性』を訴える記述があった章は削除された」と指摘したのだ。この夜、放送されたTBS系「news23」で、元朝日新聞記者でキャスターの星浩は「政治家の覚悟というぐらいですから一部の公文書問題の削除とか姑息なことをやらないで、堂々と自分の持論を政治家の覚悟を持って書けば良いと思います」とコメントした。読者や視聴者は、菅総理が自分に都合の悪い文章を隠蔽《いんぺい》したかのように感じただろう。しかし、これに異を唱えたのは出版元の文藝春秋だった。

文藝春秋は各メディアに対し、「指摘された箇所は、当時の民主党政権の東日本大震災への対応について述べたもの。当該箇所のみが意図的に削除されたかのような報道も散見されるが、そうした意図は全くなく、編集上の理由によるものだ」と反論。新たなインタビュー記事などを新版に盛り込むために、民主党政権の批判が主となっていた二つの章を丸々、出版社の判断で割愛したというのだ。

関係者によると、朝日新聞は文藝春秋に一切取材しないまま、二つの本を見比べただけで鬼の首を取ったかのように批判報道を行ったという。抗議を受けて、朝日新聞は人知れず後日、デジタル版の記事に文藝春秋のコメントを追加した。姑息な対応をしているのはどちらだろうか。

憲法審査会の再開

前述もしたが、二〇二〇年十一月十一日、自民党の森山裕国対委員長と立憲の安住淳国対委員長は国会内で会談し、憲法改正の是非を問う国民投票の手続きを定める国民投票法改正案について、憲法審査会で審議を始めることで合意した。これまで立憲など野党は、改正案の審議を断固拒否し、七国会連続で先送りされてきただけに、この合意は永田町でも驚きを持って受け止められた。

自民党関係者が背景を解説する。

「立憲にとって痛手だったのは、憲法改正の議論に前向きな国民民主党が共同会派を離脱したこと。立憲は議論を避け続けることで、世論の批判を浴びることを恐れたのです」

二〇二〇年十月二十三日、国民民主代表の玉木雄一郎は、衆議院で立憲との共同会派を離脱し、独自路線を歩むことを発表した。優柔不断な対応で迷走を続けてきた玉木が、ようやく持論の「提言型野党」の実現のために、一歩を踏み出したのだ。衆院でわずか十人の会派とはいえ、自民党関係者は「非常に大きな動きだ」と歓迎する。野党の中に、日本維新の会と国民民主党という憲法議論に積極的な二つの党ができたことで、立憲としても「このまま憲法議論をサボタージュしたら立憲への批判が集中する」とようやく観念したからだ。

一方の立憲幹部は強がってみせる。

「野党が要求してきた予算委員会での集中審議を勝ち取るために、憲法審査会に応じてみせただけ。だけど、憲法審査会で審議するといってもCM規制などの議論は時間がかかるから、採決なんてできるはずがないよ」

二〇二〇年十一月十九日から衆議院で憲法審査会が開かれるが、注目は与党が国民投票法改正案の採決にまで踏み切るかどうかだ。改正案の内容は、駅や商業施設への共通投票所設置を認めるなど、有権者の投票の利便性を高めるためのもので、現行の公職選挙法の規定に揃えるだけだ。自民党幹部は、「状況を見ながら、この臨時国会での採決を狙っていく」と明言する。こんな簡単な改正案を二年半にわたって放置し続けるのでは、税金の無駄遣いとのそしりを免れないだろう（二〇二一年六月にようやく改正案は立憲も賛成して成立した）。

不信任案を出せるか

菅内閣の支持率は、当時は、各社の世論調査で上昇傾向を見せていた。こうなると激しさを増してくるのが永田町の解散風だ。与党関係者からは「今やれば絶対に勝てる」という期待感が日ごと、高まっていた。公明党の石井啓一幹事長は二〇二〇年十一月六日放送のBS番組で、解散・総選挙の時期について「来年（二〇二一年）一月の通常国会冒頭の可能性もある」と述べた。さらに、自民党の下村博文政調会長は二〇二〇年十一月十四日、静岡県内での講演で「早ければ来年（二〇二一年）一月に解散」との見方を示した。与党幹部の前のめりの発言が相次ぐ中にあっても、伝家の宝刀を握る菅総理はあくまで冷静だった。感染者が増加傾向を見せる新型コロナ対応を優先させつつ、携帯料金の値下げや不妊治療への助成拡大などの成果を一つひとつ積み重ねていく。総選挙は、その成果を問う選挙にするというのが、菅総理の一貫した考えだった。ただ、自民党幹部はこう断言していた。

「たしかに菅総理は早期の解散・総選挙には慎重だ。ただ、この国会で野党が内閣不信任案を出すようなことがあれば別だ。不信任案が出れば、菅総理は必ず解散に踏み切るよ」

終盤国会の最大の焦点は、果たして立憲・枝野に、内閣不信任案を出す度胸があるのかどうかだ。学術会議の問題でこれだけ政権批判を強めながら、不信任案提出を見送るのだとすれば、その言行不一致の理由はしっかりと国民に説明されなければならないだろう。

だが、前述したように、解散を恐れ、その提出をめぐっては、出す出さないを枝野など立憲幹部は繰り返し、二〇二一年六月にやっと提出されたものの、あっさりと否決されてしまった。

第十四章　「別れても好きな人」にはならなかった野党の分裂劇

「モリカケ三年アベ八年」――野党が息巻くほど政権が磐石になった皮肉

偽りの党本部

二〇二〇年十月三日、国会議事堂から国会図書館脇の坂を下った先にある建物の前に、引っ越し業者のトラックが駐車していた。ここは国民民主党が旧民主党時代から引き継いで党本部を構えてきた「三宅坂ビル」。この十階建てのビルに、一カ月前に新たに誕生した立憲民主党の職員たちが居を移す準備に取りかかっていたのだ。しかし、そこに新代表・枝野幸男の姿はなかった。

「私は、絶対にあの建物には行かない。だから代表室なんてつくらなくていい」

三年前に民進党から分裂する形で枝野が一人で立ち上げた旧・立憲民主党。急ごしらえの政党は、資金も職員の数も乏しく、国会議事堂から離れた平河町の手狭なビルの一フロアを党本部として構えることになった。しかし、それから三年後、旧立憲の全議員と旧国民民主の一部議員が合流する形で生まれた新党には、衆参合わせて百五十人の国会議員が参加し、旧民進党と同規模の勢力を誇るまでに至った。そうなると、あの手狭な党本部では、職員の執務もままならない。だから、旧・国民民主が使っていた党本部に移るのは必然だが、これに枝野は大反対したのだ。国民民主党の職員が眉をひそめる。

「枝野にとって、あの建物は民進党時代に自分たちが小池百合子に〝排除〟された現場。だから、もう二度と足を踏み入れたくないんだろう。そして、あの建物を党本部にすることで〝帰ってきた民主党〟と批判されるのが、どうしても嫌なんだ」

結局、三宅坂ビルには代表室も幹事長室も設けられたが、枝野の希望で、この建物を「党本部」とは呼ばないことになった。元の手狭な雑居ビルを「党本部」として残し、三宅坂ビルはあくまでも「分館」。そうすることで〝民主党の先祖返り〟という批判をかわそうというのだ。枝野らしい姑息なやり方に、当時の合流新党の職員たちは、呆れ返っていた。

奇々怪々な首班指名

安倍首相の電撃辞任のあと、二〇二〇年九月十六日、衆参両院の本会議で行われた総理大臣指名選挙で、自民党新総裁となった菅義偉が第九十九代の総理大臣に指名された。衆議院議員会館の自室に引き籠もっていた枝野は、参議院での投票結果の報告を受けると、一人で拳を握って快哉《かいさい》を叫んだ。

参議院での投票で、菅総裁が獲得した票は百四十二票。それに対し、枝野は七十八票にすぎない。それでも枝野は、衆参で国民民主党と共産党、そして「れいわ新選組」のほぼ全員が自らの名前を記したことに舞い上がっていたのだ。

驚くべきは、最後の最後まで枝野らと対立し、「立憲とは理念が相容れない」として袂《たもと》を分かった玉木雄一郎や山尾志桜里ら新・国民民主党の議員までもが総理候補として枝野幸男の名前を書いたことだ。その理由を立憲のベテラン議員が解説する。

「結局、選挙なんだよ。新しい国民民主党が何よりも怖れるのは、選挙区で立憲に候補者をぶつけられること。だから、枝野は選挙でぶつけない条件として、首班指名で自分の名前を書くことを求めたんだ」

総理候補として枝野の名前を書くならば、玉木らはなぜ立憲に合流しなかったのか。選挙という脅しで屈服させて満足する枝野も、選挙に通るためなら信念をねじ曲げる玉木も、国民から見れば同じ穴のムジナでしかない。コップの中の争いで一喜一憂する、相変わらずの野党の姿がそこにはあった。

野党の盟主の座をめぐって、枝野にケンカを売り続けてきた「れいわ新選組」代表の山本太郎もすっかり影をひそめていた。資金不足は深刻で、赤坂見附の一等地に借りた党本部の家賃支払いにも窮し、早々に移転が決まった。一時は次の衆院選に百人の候補を擁立すると鼻息を荒くしていたが、候補者もカネも足りず尻すぼみ状態。だから、首相指名選挙でも枝野の名前を書かざるを得なかったのだ。

とはいえ、二〇二二年秋の総選挙では、「れいわ」は、代表の山本が比例東京ブロックで当選し国政復帰。その他比例南関東ブロックや比例近畿ブロックで二議席を得た。計三議席となり、参議院の二議席とあわせて、国会で五議席を確保した。

ちなみに枝野は、この二カ月あまり、朝から晩まで議員会館の自室の扉を固く閉じて、籠城を続けていた。それは、ある報道がきっかけだった。

「立憲・枝野代表、議員会館で喫煙『認識甘かった』」

　時事通信社が二〇二〇年八月末に報じた記事。枝野が、受動喫煙対策を強化する改正健康増進法が全面施行された同年四月以降も、事務所内での喫煙を続けていたという内容だった。それまで枝野は、議員会館の自室にいる間は扉を開放し、記者らを自由に出入りさせていた。しかし、この報道にへそを曲げた枝野は、「もう記者は信用できない。部屋にも入れない」と貝のように閉じこもってしまったのだ。記者たちは「こんなに器の小さい奴が、野党第一党の代表とは」と呆気にとられる。その後も、枝野の部屋の扉は閉ざされたままだ。

合流協議の舞台裏

〝内ゲバ〟を続けてきた立憲と国民民主の合流協議は、迷走に迷走を重ねたあげく、ようやく国民民主党の分裂という形で一応の決着を見た。この間、水面下で繰り広げられてきたのは、大義も理念もない、「自分は悪者になりたくない」という一心での責任の押し付け合いでしかなかった。

先に仕掛けたのは立憲側だった。当時の幹事長の福山哲郎は国民民主に対し、「両党を解党して合併新党をつくる。新党名は立憲民主党」という提案をもちかけた。上から目線だと批判され続けてきた枝野・福山にとって、〝吸収合併〟ではないことをアピールする戦略だった。

しかし、国民民主党の玉木雄一郎が嚙みつく。「党名は『立憲民主党』か『民主党』か、民主的な投票で決めるべきだ」と逆提案を行ったのだ。

党名を投票で決める案は、半年前に頓挫《とんざ》した合流協議の際に、国民民主の小沢一郎が玉木に対して提案したものだった。この時、合流をどうしてもしたくなかった玉木は、小沢の提案を頑なに拒否していた。しかし玉木は、この〝投票案〟に枝野も強い拒絶反応を示したことを知っていた。だからこそ、このタイミングで、枝野が受け入れられない投票案を持ち出したのだ。

案の条、枝野は周辺に怒りを露わにした。

「党名を投票で決めることなんて、絶対にない！　立憲民主党という名前をいったんゼロにするなんてあり得ない！」

自らが付けた党名への執着を見せた枝野。しかし、立憲内でも「立憲の議員数が多いのだから、投票になっても立憲になるだろう」「党名にこだわって、合流を破談にするなんて本末転倒だ」との声が相次ぐ。

　中堅・若手議員が「党名は投票で決めれば良い」という考えに賛同する〝署名〟を集めて福山に示すと、枝野は激高する。

「オレは、もうそんな新党には行かない！　合流はもうナシだ！」

　しかし、その一方で不安に駆られたのか、枝野は周辺にこんなことを尋ねていた。

「今は、俺が悪者になっているのか？　玉木が悪者じゃないのか？」

　枝野の予感は当たっていた。立憲内では「再び合流協議が失敗に終われば、国民から見放される。そうなれば執行部の責任だ」と、枝野を批判する意見が公然と上がり始めていたのだ。枝野は他人を批判することは大の得意だが、いざ自分が批判されると滅法弱い。自分ではなく、玉木を悪者にするためには、玉木の提案をすべて呑むことで、玉木に合流の決断を迫る方が得策だと判断することになる。

　枝野が新党名を投票で決めるという〝玉木案〟を受け入れると、今度は玉木が焦り始める。玉木は、表では「野党の大きな塊《かたまり》をつくるべきだ」と訴えながら、親しい人だけには「私は絶対に立憲には行かない。立憲と国民民主が合流しても意味がない」と本音を漏らしていた。ハナから政党合流を実現させる気などなく、玉木の頭にあるのは、いかに自分が目立てるかということだけ。

立憲と合流してしまえば、自分に光が当たらなくなる。それがどうしても耐えられなかったのだ。つまり、立憲に合流しなければ落選することが確実な仲間のことなど、どうでもよかったのだ。しかし、表ではそんなことは言えないから、「消費減税や憲法でも政策を一致させるべきだ」などと、枝野が受け入れられない条件を次から次に〝後出しじゃんけん〟で出していった。

国民民主党は分裂へ

ゴールポストを動かし続ける玉木に対し、合流推進派は玉木の外堀を徹底的に埋めていった。立憲・国民民主の幹事長・政調会長間で、わずか数日で合流新党の綱領や規約などを作成し、玉木の逃げ道を塞《ふさ》ぐ。合流推進派の議員たちは、玉木を解任することが可能となる両院議員総会を開くための署名集めを行い、三十人以上の議員が名を連ねた。

追い込まれた玉木は、二〇二〇年八月十一日、臨時執行役員会で、誰もが予想しなかった提案を行う。国民民主党を解党した上で、立憲に合流する議員からなる新党と、国民民主に残留する議員による新党に分党するというものだった。

玉木は記者会見で、枝野らに対する恨み節を交えながら分党に至った理由を述べた。

「国民が納得できる、大きな塊をつくることを粘り強く求めてまいりましたけれども、党首会談も残念ながら一度も行われず、私たちが求めてきた消費税の減税など、軸となる基本政策について一致が得られませんでした。もとより、交渉を遅らせるつもりなどありませんでしたが、理念や政策が異なる人が集まって無理矢理党をつくっても、過去の反省を生かせないと思ったからです」

結党から二年あまり、国民民主は支持率一％から浮上することが一度もなく、ついに分裂という憂き目を見ることになったのだ。

〝銭ゲバ〟の戦い

玉木新党への加入が見込まれたのは、山尾志桜里や前原誠司、古川元久ら約十五人。しかし、すでに多数派工作は始まっていた。立憲の安住は、「立憲に来ない奴には、必ず選挙で対抗馬を立てる」と脅しをかけており、支持団体の連合幹部も、労組系の議員に対し立憲に加わるように説得を行っていた。

玉木を孤立させるための、仁義なき切り崩し工作が繰り広げられたのだ。

さらに注目すべきは、国民民主党のカネの行方だ。百億円以上あった内部留保金は、いまや五十億円にまで目減りしていた。玉木は周辺にこう語る。

「私が五十億円分をワインで飲み干したと批判する人がいるが、五十億円分もワインが飲めるわけないだろう。参院選で使ったんだよ」

しかし、この言葉を信じる者はほとんどいない。玉木をはじめ、国民民主幹部が日々、酒池肉林の豪遊をしてきたことは周知の事実だからだ。立憲民主の辻元清美はこうした様を見て、「私たちが民主党時代に貯めたカネなのに」と歯ぎしりしていたくらいだ。

五十億とはいえ、債務超過の立憲にとっては喉から手が出るほど欲しい資金。新党結成にあたり、どれだけのカネを立憲側が手にすることができるのか、〝銭ゲバ〟の闘いが始まっていたのだ。

立憲民主党のベテラン議員は、合流協議の結末を嘆く。

「最悪の結果だよ。立憲民主党と国民民主党が合流してできた新党が『立憲民主党』と

『国民民主党』というのでは、意味がわからない。こんな新党に誰も期待なんかしないよ。しかも、この期に及んで内輪揉めが続いている。野党の支持率は上がるはずがない」

一方、政権幹部は、こうした野党の混乱を虎視眈々《こしたんたん》と狙っている。

「玉木の新党ができるのは、歓迎すべきことだ。憲法改正の議論にも乗ってくるだろう。何としても取り込んでいきたい」

半年以上に及んだ、子供のケンカのような野党再編劇が生んだものは、やはり失望でしかなかった。

変わらないメンツ

スッタモンダの末に、初志を貫徹し（？）、最終的には、立憲入りを拒絶した国民民主党代表・玉木雄一郎率いる「玉木新党（国民民主党）」でも、醜い内輪揉めが続いた。

二〇二〇年九月七日、「玉木新党」はマスコミ各社に対し、「新党の参加議員は十四名」との発表を行った。ところが、いざ新党の代表を話し合いで決めようとすると、仲間割れが起きた。九月十一日、新代表を決める話し合いをしていると、国民民主の参議院議員、増子輝彦は「玉木が代表になるなら新党には入らない」と駄々をこね始め、部屋から退出してしまった。これで、玉木新党の参加者は十三人となってしまったのだ。しかも、新・立憲民主党の綱領に掲げられた「原発ゼロ」に反発した組合系の議員たちは立憲にも玉木新党にも加わらず、無所属で活動するという宙ぶらりん状態がしばらく続いた。国民不在の野党の離合集散はとどまるところを知らない。

さらに永田町に衝撃をもたらしたのが、新しい立憲民主党の人事だった。ある立憲中堅議員は、発表された顔ぶれを聞いて、悲嘆に暮れた。

「これは考え得る限り、最悪の人事だ。党内の不満は高まるばかりで、支持率も上がるはずがない。すでに離党を考え始めている仲間もいるくらいだ」

枝野が決めた人事は、幹事長に福山哲郎、国対委員長に安住淳という、旧立憲とまったく変わらないメンツであったからだ。申し訳程度に、国民民主の泉健太を政調会長、平野博文を代表代行兼選対委員長に起用しただけで、党内融和を完全に無視する人事だった。

福山の交代を求める党内の声が圧倒的だったのにもかかわらず、結局、枝野は唯一の〝お友達〟である福山を切ることができなかった。このままでは枝野・福山で何でも決定してきた〝枝野独裁体制〟のトップダウン体質が変わるはずがない。この人事が批判されることを予期していた枝野は、結党大会の前日に、事前の通告もなしに、事務所の前にいた記者に新党の人事をこっそり発表するという驚きの行動に出た。通常であれば、こうした人事は、正式な記者会見を開き、国民の期待を高めるために華々しく発表される。枝野らしい姑息さがここにも滲《にじ》み出ていた。

枝野と共産党の蜜月

その後、枝野・福山による「容共リベラル」執行部が、共産党との「野合」を目指して奮起していくのはすでに見た通りだ。いま一度振り返っておこう。

二〇二〇年二月十九日、東京・千代田区のパレスホテル内のレストランで志位和夫委員長と夕食を共にした際に、枝野はこう囁《ささや》いた。

「共産党が現実路線に舵を切ったことは、世の中にはあまり浸透していないですよ。そういう説明の場を作った方が良いです」

共産党と組めば保守層だけではなく、共産党アレルギーを持つ一部のリベラル層からも批判を浴びることになる。少しでも反発を抑えるために、共産党の現実路線という〝偽装〟を加速するように促したのだ。

枝野の助言を受け、共産党は動き出す。志位委員長名で「野党連合政権にのぞむ日本共産党の基本的立場」という文書を作成し、立憲民主党など野党各党に説明にまわったのだ。

共産党はかねてから、野党各党は選挙協力にとどまらず、政権を取った際の政策を一致させる〝政権合意〟が必要だと主張してきた。この文書は、共産党と他の野党との政治的相違点について、〝野党連合政権〟を樹立する場合に、共産党がどのように現実的な立場を取るかという説明をするためのものだった。

例えば自衛隊について、共産党の従来の主張は「違憲であり、解散すべき」。この文書では、「現在の焦眉の課題は自衛隊の存在が合憲か違憲かでなく、憲法九条のもとで自衛隊の海外派遣を許していいのかどうかにある」として、野党連合政権を樹立した場合は、共産党は「自衛隊の存在は合憲だが、集団的自衛権行使は憲法違反という憲法解釈となる」との認識を示している。

日米安保条約についても同様で、従来の主張は「日米安保破棄」だが、連合政権に入れば「維持・継続する対応をとる」としているのだ。この文書は、天皇制や共産主義の希求についても従前の主張を棚上げするとして、現実路線を強調。野党連合政権での共産党の立場について「閣内協力か閣外協力か、状況に応じて最善の道を選ぶ」と結んでいる。

こうした詭弁を誰が納得して受け入れるというのか。結党以来の党是であり、党の根本を成すような政策・主張を覆い隠したまま、政権獲得を狙おうとした〝偽装工作〟には、空恐ろしさすら覚える。その後、日本共産党と一体化した「市民団体」を介在させて、さらなら偽装工作に励んだものの、徒労に終わったのは、前に述べた通りだ。

共産党VS山本太郎

共産党は二〇二〇年三月二十六日以降、立憲民主党の福山幹事長との会談を皮切りに、国民民主党や社会保障を立て直す国民会議など野党各党各会派に対し、〝現実路線への転換〟を説明してまわっていった。ところが、共産党からの会談の申し出を断った政党があった。それが山本太郎率いる「れいわ新選組」だ。二〇一九年九月、志位委員長は山本太郎と国会内で会談し、野党連合政権の樹立に向けた協力で一致していたが、両党の関係に、亀裂が入り始めていたのだ。

山本は拒絶の理由について、インターネット番組で「消費税率五％への減税で野党各党が一致しなくても、次期衆院選の共闘に加わるよう説得されることを警戒した」と語っている。

立憲民主党のベテラン議員が解説する。

「二〇二〇年二月の京都市長選で両党が共闘して応援した候補が惨敗した頃から、関係はおかしくなっていった。市長選で山本太郎は好き勝手に動いて、かき回したあげく、大した票を取ることができなかった。共産党幹部も山本に対し激怒していたよ」

山本にとっても、共産党は自党と支持層がかぶる〝目の上のたんこぶ〟になっていた。市長選から二週間後、山本は次期衆院選で、共産党が前衆院議員の宮本岳志を擁立し必勝区と位置づける大阪五区に、元府職員の女性新人候補（大石晃子）を出馬させることを発表した。山本は共産党に対し、選挙区を「譲る気持ちはない」と宣戦布告したのだ。

ちなみに、二〇二一年十月の総選挙で大阪五区では、あのモリカケ問題の籠池諄子《じゅんこ》も立候補したが、公明党（自民党推薦）の国重徹が小選挙区で当選。共産党の宮本も選挙区は二位落選だったが比例復活で当選。れいわの大石晃子も比例復活当選した。籠池は落選。維新はこの選挙区には候補を立てなかった。公明党への配慮からだ。

二〇二〇年四月三日午後、その山本の姿は意外な場所にあった。衆議院第二議員会館の会議室で開かれたのは、立憲を離党したばかりの（後に国民民主党に入る）山尾志桜里衆院議員が主催する勉強会だった。そこに山尾とともに並んで座ったのは山本太郎、そして国民民主党代表の玉木雄一郎。

立憲執行部の閉鎖的な体制を批判して離党した山尾は、玉木との連携を模索していた。一方の玉木は、二〇二〇年三月下旬に小沢一郎と会談し、立憲との合流を進めるように説得されたが、一切聞く耳を持たなかったという。その玉木にとっても、憲法改正議論を積極的に行うというスタンスで一致する山尾との連携は願ったり叶ったり。

永田町では「山尾と玉木が新党を立ち上げるのではないか」という噂が、当時、まことしやかに流れていた。そして、玉木はかねてから同じ消費税減税論者である山本にラブコールを送り続けてきた。山尾・山本・玉木という三人が〝立憲外し〟という新機軸で、野党の再編を仕掛けようという動きが始まりつつあるように見えたのだが、その後、山尾は国民民主党に移ったものの政界を引退。山本も独自の道を歩み、その構想は消え去った。

憲法議論をサボタージュするのは許せない

山尾は憲法改正論議に消極的な立憲民主党の姿勢を「立憲主義に反する」と指摘し、党を去る決断をしていた。その立憲の姿勢は相変わらずだ。

二〇二〇年四月七日午後、立憲民主党の国対部屋に急遽、野党記者クラブの記者たちが集められた。テレビカメラを前に、緊張した面持ちで説明を始めたのは立憲の憲法調査会会長、山花郁夫。

「先週、自民党の新藤（義孝）筆頭理事から紙を渡され、今週の定例日に憲法審査会を開きたいと申し入れがあった。コロナ対策を優先している中で、これを議題とすると、ずいぶん時間がかかるので、取り上げるのは適切でなく、断ろうということで野党各党の意見は一致しました」

自民党の憲法審査会の議論を仕切る新藤が野党に提案したのは、「緊急事態における国会機能の確保」という観点からの憲法議論だった。万が一、国会議員に新型コロナウイルス感染者が拡大した場合に、憲法で定められた総議員の三分の一以上の出席という定足数が満たされない事態も起きうるのではないか。そうした最悪の事態を想定した議論の必要性を新藤は訴えたのだ。

それに対し、山花は「憲法改正は時間がかかるので、今の危機の対応には間に合わない。コロナ危機が収まるまでは、憲法審査会は開くべきではない」と突っぱねた。

しかし、この理屈はどう考えてもおかしい。国会には「定例日」というものがあり、衆議院の憲法審査会は毎週木曜日に開かれるのが原則。コロナ危機の最中だからといって、憲法審査会に所属する議員たちがコロナ対策に忙殺されているわけではない。コロナ危機への対応と同時並行で、国の根幹を定める憲法議論を進めない理由などないのだ。新藤の提案に異論があるのであれば、マスコミに対してではなく、堂々と憲法審査会の場で意見表明し、議論を戦わせるのが筋ではないか。実際に、コロナ危機とは関係ない法案も、他の委員会では審議が進められている。

結局、野党はコロナ危機を、憲法改正議論をサボる大義名分に利用しているだけなのだ。社会基盤の維持のためにリスクを取りながら働き続ける人々がいる中で、コロナ危機を理由に憲法審査会を開かないことを主張するのであれば、その分の議員歳費は返納するべきだ。

産経新聞とFNNの二〇二〇年四月十一、十二日の合同世論調査では、憲法改正による「緊急事態条項」新設に六五・八％が賛意を示したという。野党各党は、この国民の声にどう応えるのか。

朝日新聞は連合批判・立憲支援に躍起

そういった野党の離合集散劇が繰り広げられていた二〇二〇年から、あっというまに二年弱が経過した。先の予想通り、枝野－福山体制は総選挙敗北の「果実」と共に表舞台から一応消え去った。福山の今夏の参議院選挙での当選も危ぶまれているが、自業自得でしかないだろう。

その立憲民主党は前述した通り、連合から三行半をつきつけられ、国民民主党は二〇二二年度予算案に賛成し、自民党から秋波を送られるようになってしまった。だが、立憲と一緒になれない理由として、消費減税を要求していた玉木が自民党に対しても、そう要求するだろうか？

また連合の立憲批判に対して、朝日新聞などは必死になって「反論」している。二〇二二年一月二十二日付けで、「連合新方針野党は困惑」「なんて乱暴な」「参院選共闘に懸念」「識者与党に傾斜しかねない」との記事を掲載した。

前述したように、連合が「人物本位・候補者本位で臨む」として、「共産と連携・協力する候補者を支援しない」との方針を明示したことに、立憲などが困惑しているだけでなく、連合内部でも困惑が広がっているとの内容だ。

大学教授を使って、連合のこの方針によって「連合が選挙で野党支援を弱め、政府・与党との関係を重視する方向に傾斜しかねない」との危惧を表明しているが、それは朝日の考えでもあるのだろう。

また国民民主が政府予算案に賛成したことに、連合会長（芳野友子）が理解を示すと「芳野氏の出身である金属・機械系中小企業の労組などでつくる産業別組織ＪＡＭの安河内賢弘会長は23日のツイッターで『連合は本予算案に対しては反対の立場』だと投稿している」などと報じている（二月二十五日付け朝刊）。「連合」の反共路線が、会長の独断専行だと言いたいのだろう。結局、連合内も「旧同盟系」と「旧総評系」に分裂してしまっているのが実態だ。近親憎悪の内輪揉めは、ここでも激しさを増しているのだ。

第十五章　枝野のホンネは強行採決歓迎――見せ場ができるから

検察庁改正案の成立見送りに肩を落とした立憲民主幹部とマスコミたち。

緊急事態宣言延期で誕生日会中止を残念がる男

共産党機関紙や週刊誌やネットなどの「菅内閣がらみのスキャンダル報道」に一喜一憂し、「人の褌で相撲を取る」のが得意な枝野であったが、こんな私的な些細なことで一喜一憂することもあった。

二〇二〇年五月四日午後五時、衆議院本館二階にある立憲民主党の会見場には、代表である枝野幸男の姿があった。この日、政府が正式決定した緊急事態宣言の全国一律の期間延長について、野党第一党党首としてコメントを出すための会見に臨んでいたのだ。

マスク姿の枝野は、延長という事態に追い込まれた政府の見通しの甘さを厳しく批判した。

「政府は五月六日に解除できると思っていたからこそ、こうした期限で緊急事態宣言を出したと思う。結果的に見通しを誤ったと指摘せざるを得ない」

ＰＣＲ検査態勢の不備や、休業補償の不十分さを舌鋒鋭く突いた枝野。十五分以上にわたった会見を終えて会見場の外に出ると、オフ取材をしようとついてきた新聞記者たちに囲まれる。すると枝野は、頭を抱えるようにして思わず本音を吐露したという。

「ああ、緊急事態宣言が延長されたから、俺の誕生日会はできなくなっちゃったな」

枝野の誕生日は五月三十一日。この日は、毎年、番記者や官僚たちを前に、枝野がカラオケのワンマンショーを披露する誕生日会が開かれるのが恒例となっていた。曲目も曲順も事前に指定したうえで、枝野が十数曲をコンサートさながらに歌い上げる。黙って聞かされる参加者たちにとっては、まさに拷問。しかし、枝野にとっては一年に一度の夢のようなひとときなのだ。

枝野の言葉を聞いた記者たちは、あっけにとられて二の句が継げなかったという。野党第一党党首が緊急事態宣言の延長を受けて、真っ先に語った感想が自らの誕生日会の中止。結局、新型コロナウイルスで苦しむ国民の生活など、他人事に過ぎなかったのだろう。

軽薄すぎる野党議員

新型コロナウイルスの感染拡大という未曾有の国難に世界全体が立ち向かう中、日本国民にとって不幸にも浮き彫りになったのは、野党議員たちの相変わらずの軽佻浮薄ぶりだった。

二〇二〇年五月十二日、衆議院本会議場の出入り口では、報道陣がカメラを構えてある男が出てくるのを待っていた。お目当ては、前にも触れた緊急事態宣言下の「セクシーキャバクラ」通いという信じがたいスキャンダルが発覚した元立憲の高井崇志。問題発覚後、初めて国会に姿を現したのだ。高井は自身のツイッターで「国民の皆さまに行動の自粛という大変な不自由をお願いしておきながら、お願いする立場にある私がそれを破っているのであり、弁解の余地はありません」などと発信したが、その後、公の場から姿を消し、謝罪や説明の会見すら開いていなかった。

午後二時半過ぎに本会議が終わり、議員たちが一斉に議場から出てくると、記者たちはマイクを片手に高井の姿を探す。

「あっち側の出口から出たぞ！」

普段は使わない出口から駆けだして逃げていく高井の後ろ姿が、あっという間に小さくなっていく。追いつけずに、まかれた記者が舌打ちする。

「こんな姑息な奴が国会議員とは」

日本維新の会は、立憲の安住淳国対委員長に対し、「高井に対し辞職勧告を出すべきだ」と提案したが、安住は頬被りを決め込んだ。これが自民党の議員による不祥事だったら、安住はこれ見よがしに説明責任を求め、議員辞職を迫っていたことは間違いない。

野党議員の無思慮な振る舞いはこれだけではない。二〇二〇年四月二十九日の参議院予算委員会の審議で質問に立った立憲副代表の蓮舫は、いつもの通り居丈高に安倍総理を問いただしていた。新型コロナウイルスの影響でアルバイト先を失った学生に対する支援を求めた蓮舫は、総理をこう責め立てた。

「生活も成り立たない。学校（大学）をやめたら高卒になる。就職どうなのか、奨学金を返せない！」

幼稚園から大学までエスカレーター式で青山学院に通い、大学在学中に「クラリオンガール」として名を馳せた彼女には、高卒で就職する国民がいることなど知る由もなかったのだろう。この発言に対し、インターネット上では「高卒をバカにしている」「学歴差別だ」などと批判が噴出。もし安倍総理や閣僚が同じ発言をしていたら、野党はどう反応していただろうか。

呆れた野党議員の発言はこの翌日にも。〝官僚いじめ〟の野党ヒアリングを率いる、当時国民民主党に所属していた（現在は立憲民主党の）原口一博国対委員長は、各国の新型コロナウイルスによる死者数の累積を時系列で表した折れ線グラフを示し、ツイッターでこう発信した。

「日本のグラフには、山が見えません。上がり続けている」

しかし、死者数を日々足し上げているグラフなのだから、その数が上がり続けているのは当然のこと。グラフに山ができるとすれば、亡くなった人が生き返るしかないのだ。ツイッターでは「ゾンビ映画の見過ぎだ」「原口さん、国会議員は今、人を笑わせている場合ではないですよ」などと冷笑するコメントが相次いだ。こんな基本的なことすら理解せずに、訳知り顔で政府を追及しているのが野党の幹部だというのが、この国の現実なのである。五月にメディア各社が行った世論調査で、立憲民主党は支持率を大きく減らし、日本維新の会に野党トップの座を奪われた。当然のことだろう。

検察定年延長をめぐる茶番

二〇二〇年五月十日の朝、枝野は目覚めるとスマホで日課の〝エゴサーチ〟を始めた。自分について、ネット上でどんな書き込みがあるか調べるのが趣味なのだ。そこで、ある異変に気付く。

「#検察庁法改正案に抗議します」

見慣れぬハッシュタグを付けたツイッターの投稿が百万件以上に膨らんでいたのだ。投稿者の中には芸能人も多数おり、ツイートは一気に拡大していった。

枝野はすぐに翌日の予算委員会での質問に、検察庁法改正案についての項目を増やす作業に取りかかった。枝野は思わずニンマリしたという。

「これは立憲民主党結党以来の勢いだな」

この検察庁法改正案は、検察官の定年を六十三歳から六十五歳に引き上げ、検察幹部については内閣が認める場合に最長三年の定年延長を認めるというものだ。

これについて、枝野は予算委員会で厳しく批判した。

「検察庁法改正は、安倍政権が黒川（弘務）東京高検検事長の定年を違法に延長したことを事後的に正当化しようとするものです。どさくさ紛れに火事場泥棒のように決められることではない」

〝どさくさ紛れの火事場泥棒〟というフレーズがテレビのニュースでも繰り返し流されたが、この改正案が国会に提出されたのは二カ月前の二〇二〇年三月十三日である。与野党の合意に基づいて法案を順番に審議しているだけで、どさくさ紛れでも何でもない。むしろ、検察庁法など何の関心も持っていなかったくせに、ツイッターの盛り上がりに便乗して、正義の味方気取りで恥ずかしげもなく弁舌を振るう方が盗人猛々しい。人の褌《ふんどし》でしか相撲を取れないのは、いつものことだ。

この検察庁法改正案について、野党側は「安倍総理や菅官房長官に近い黒川検事長を検事総長にするための改正案だ」との印象操作を必死になって行った。何の根拠も示さずに、黒川を〝政権の用心棒〟などとレッテル貼りし、検察人事に政権が恣意的に介入するための改正案だという主張を繰り返したのだ。

二〇二〇年五月十六日のネット配信で、立憲の安住も「この改正案は黒川ありきの法いる。

と言い放った。ところが、安住は親しい周辺に対しては、こんな本音を漏らしている。

「実は、黒川とは俺は飲み友達と呼べるくらい仲が良いんだよ。黒川は優秀だから、今の政権が重用したがるのもわかるよ」

黒川は民主党政権時代に法務省の大臣官房長に就任した。民主党政権時代も含め、時の政権に懸命に仕える姿勢は高く評価されていて、与野党の幅広い政治家から信頼を得ている。安倍政権が長期に及んでいることから、「安倍政権と蜜月」と言われるようになったが、特別、安倍と個人的に近いというわけではない。もし、本当に黒川が安倍政権のために捜査に手心を加えるような人物であれば、菅官房長官の盟友である河井克行前法相に対する捜査などあり得なかったし、政権が推し進めるIR整備をめぐって自民党の秋元司議員が収賄容疑で東京地検特捜部に逮捕されることもなかっただろう。野党も黒川が政権のために事件を潰すことなど、できないことは分かっているのだ。

そもそも、この改正案が施行されるのは二年後の二〇二二年四月。黒川の定年延長には関係しないし、安倍総理の総裁任期終了後の話なのである。この検察庁法改正案は、自衛隊員なども含む国家公務員全体の定年引き上げに合わせるためのものだ。幹部の定年延長も、省庁の事務次官ら他の役所でも一般的に行われていることに過ぎない。野党は、それを分かった上で、「安倍は検察を意のままに動かそうとしている」という負のイメージを植え付ける印象操作をしているだけなのだ。マスコミもそれに便乗しただけだった。

暴走する検察

検察庁法と並んで、当時、検察内部でひそかに口の端に上っていることがあった。ある検察幹部が打ち明ける。

「稲田（伸夫）検事総長が、自身が検事総長として居座るために黒川潰しを図っている。そのために河井夫妻の事件を利用しようとしている」

二〇一九年夏の参院選における河井案里陣営の選挙違反事件に絡み、そのときは広島地検には東京地検特捜部の検事らが応援に入り、河井前法相の買収事件の立件に向けて詰めの捜査を行っていた。検察幹部は、この捜査について首を傾げる。

「こんなのは本来、警察がやるような事件。それを稲田総長は、体制を増強して、国会開会中に河井前法相の逮捕に踏み切らせようとしている。これは検察の暴走といわれても仕方ない」

不逮捕特権を持つ国会議員への逮捕許諾請求は異例のことであり、今回の事件も逮捕するにしても六月の国会閉会を待つのが通常だという。しかし、稲田は、あえて逮捕許諾請求をし、それに黒川検事長が反対すれば、「捜査を妨害した」として〝黒川追い落とし〟を果たせると計算しているのだという。そうすれば稲田はさらに検事総長として君臨することができる。検察内部の権力争いに刑事事件が利用されるという異常な事態が起きているというのだ。

実際に、事件について検察から聴取を受けた渡辺典子広島県議は、尋常ではない取り調べの実態を告発している。渡辺は河井陣営からの現金の授受を一切否定したにもかかわらず、検事は机を叩きながら、「話をするなら早めがいい。でないと、もう引っ込みがつかなくなっちゃって、はっきり言うと河井先生たちと一緒に沈んでいきます」などと自白を繰り返し強要したという。七回にもわたって執拗《しつよう》に行われた取り調べについて、渡辺の代理人弁護士は、調査と再発防止を求める要請書を最高検に送った。作り上げたストーリーありきで、決めつけの捜査を強引に押し進める検察の手法は、村木厚子元厚労次官の事件の時とまったく変わっていないのだ。

今回の改正案に抗議の声を上げる人たちは、「改正案が三権分立を破壊する」と声高に主張するが、このように暴走する検察の実態を知っていても同じことが言えるのだろうか。強大な権力を持つ検察だからこそ、政治による民主的なコントロールが必要となる。検察人事に内閣の関与を認める今回の改正案には、そうした狙いも込められているのだ。

その後、渡辺は、公選法違反罪に問われた元法相の河井克行被告の東京地裁での公判（二〇二一年一月八日）で、検察側の証人として出廷し、河井から現金十万円を受け取ったが、自民党支部からの寄付金と思い、参院選がらみではないと証言した。

「強行採決してくれ」

ともあれ、野党の追及に火を点けることになったツイッターでの抗議の拡大について、枝野は「なぜ、こんなに盛り上がったのか理由が分からない」と漏らしていた。しかし、コロナ禍で存在感がゼロの野党にとって、久しぶりの大チャンスとばかりに野党議員たちは悪ノリを演じている。だからといって、正攻法では、弱小野党が改正案の成立を阻止できるはずもない。

二〇二〇年五月十五日、与党は衆議院内閣委員会で改正案の採決を提案すると、野党は猛反発し、武田良太国家公務員制度担当相の不信任決議案を提出し、徹底抗戦の構えを見せた。立憲の安住は記者団へのぶら下がり取材で「あらゆる手段を使っても、改正案の成立を阻止する」と吠えた。久しぶりに与野党攻防が国会で激しさを増しているかのように見えたが、ある与党の国会対策幹部は舞台裏を明かす。

「安住からは『とにかく強行採決してくれ』と頼まれている。与党の強行採決を体を張って阻止しようとする野党の見せ場さえ作れれば、法案が可決されようが関係ないんだろうね。つまり、筋書きが決まったプロレスということだよ」

表では「もっと審議時間が必要だ」と要求しながら、裏では「さっさと強引に採決をやってくれないと困る」と与党に頭を下げているのだという。与党に時間をかけた丁寧な審議をされたら、野党の見せ場がなくなってしまうからだ。

結局、二〇二〇年五月十八日、安倍総理は「国民の皆様の声に十分に耳を傾けていくことが不可欠であり、国民の皆様のご理解なくして、前に進めていくことはできない」と述べ、改正案の今国会での成立を見送る方針を明らかにした。

政権幹部はこの決断の理由について、「強行採決という場面を作りたい野党の思惑には乗らない。秋の臨時国会で成立させれば、スケジュールには影響がないからね」と説明する。決して、今回の改正案を諦めたわけではないという。

一方の野党側は、メディアには「野党の主張が通った」と勝ち誇って見せたものの、立憲幹部は「これで今国会の見せ場はなくなったな」と肩を落とした。

所詮、野党にとってコロナも検察庁法も安倍政権に対する嫌がらせのパフォーマンスをするためのネタに過ぎない。一つ片付けば、次に棚から落ちてくるぼた餅を待つだけのことなのだ。

その点をマスコミも解析することなく、野党の反アベの合唱に加わるだけだった。

結局、二〇二一年六月の通常国会で、検察官に国家公務員法の定年後の勤務延長規定を適用しないことなどを内容とする国家公務員法等の一部を改正する法律が成立した。これにて一件落着となった!

野党のパフォーマンスだらけの厚労省イジメ

話は前後するが、『週刊文春』が二〇二〇年三月十八日発売号で、森友学園をめぐる公文書改ざん問題で自殺した元近畿財務局職員の男性の遺書を報じて以来、そのころの野党は国会で森友問題を蒸し返してきていた。

立国社会派の衆院議員、今井雅人や柚木道義は国会審議の中で「遺書を読んで涙が止まらない」、「遺書や遺族の思いを無駄にしないために再検証を求める」などと感情をあらわに叫んだが、そもそも遺族は遺書を野党に託したわけではない。確かに遺書の内容は生々しく、意にそぐわない改ざんを迫られた元職員の苦悩には、憐憫《れんびん》の念を禁じ得ない。しかし、麻生太郎財務相が主張するとおり、佐川宣寿元国税庁長官の主導による改ざんという構図は、財務省による調査報告書と齟齬《そご》はなく、新事実は存在しないと言っていい。

新たな追及材料に飢えていた野党は、この遺書にすぐさま飛びついたが、世論の盛り上がりをつくれなかったとみるや、徐々にこの問題からフェードアウトしていく。週刊誌頼みのパフォーマンスに、賢明な国民が踊らされるわけがない。

野党のパフォーマンスはこれだけにとどまらない。二〇二〇年四月七日午前に開かれた参議院の法務委員会。この日は、「外国弁護士による法律事務の取扱いに関する特別措置法改正案」の採決を前提とした質疑が行われるはずだった。ところが、野党のトップバッターとして質問に立った立国社会派の桜井充は、平然とこう言い放った。

「今日は法案審査ですが、こういう時期なので、すみませんけども、コロナウイルスに関連する質問をさせていただきます」

法務委員会とはまったく関係ない、コロナに関する質問を延々と続けたのだ。当然、委員会には厚労省の官僚が呼ばれ、答弁に当たらざるを得なかった。コロナ対策に関しては、本来、厚労省を所管する厚労委員会で質問するのが原則だ。しかし、二〇二〇年三月中旬以降、野党議員は、所管とはまったく関係ない委員会に厚労省の役人を次々に呼びつけ、質問をするケースが急増していた。

例えば、二〇二〇年三月十四日だけを見ても、厚労委員会以外の十四の委員会でコロナ関連の質問が行われ、のべ五十四人の厚労省幹部が答弁に当たったのである。ある野党議員は「コロナ以外の質問をしても、マスコミにまったく注目されないから」と悪びれずに語る。

しかし、野党議員のパフォーマンスのために、本来、コロナ対策に当たるべき厚労省の官僚たちが、答弁準備に忙殺される日々を余儀なくされているのだ。それに加えて、野党は厚労省の官僚を呼びつけて、マスコミ公開で質問を浴びせ続ける〝ヒアリング〟も日々、行っていた。

政府のコロナ感染症対策を批判する前に、自分たちの私欲のために、いかに政府の足を引っ張っているかを野党の各議員はそろそろ自覚するべきではないか。産経新聞・FNNの合同世論調査（二〇二〇年四月十一、十二日）で、立憲民主党の支持率は過去最低の三・七％へと急落した。残念ながら、これが国家的な危機における野党議員たちの実態だったのだ。

日本の政治に明日はあるのか？

ここまで見てきたとおり、懲りない野党の面々は、相も変わらず〝内輪揉め〟と〝数合わせ〟の茶番劇に右往左往している。一時は連携の構えを見せていた「日本維新の会」と国民民主党は、国民民主が与党への接近を模索したことで、お互いに反発。立憲民主党は泉代表に代わって共産党との協力関係を変化させようと藻掻《もが》いたが、結局、このままでは共産党にからめ捕られることになりそうだ。野党の存在感の希薄化に拍車がかかる中、政府与党は選挙に勝つことだけを考え、〝超安全運転〟の国会運営に邁進している。

与野党が対立するような法案は棚上げし、山積する諸課題もことごとく先送りしているのだ。盛り上がりに欠ける国会は、日々のニュースや話題にすら上らなくなっている。職務放棄を続ける政治と、それに失望する国民との距離は、どんどん広がるばかりだ。だからといって、私たちが政治にすべてを白紙委任すればどうなるのか。

ウクライナ危機の最中にも、北朝鮮は弾道ミサイルの開発を進め、中国は台湾侵攻の野望を燃やし続けている。現実の脅威からどのように我が国を守るのか、議論すら始まらないのが我が国の悲惨な現状であり、政府与党内にも「平和ボケ」が蔓延し続けているのが実態だ。

政治が危機感を失い、変化への対応ができなければ、日本は茹でガエルのように衰退をしていくことになるだろう。だからこそ、必要なのは政治に緊張感をもたらす、まっとうな野党の存在なのだ。

そのためにも、二〇二二年七月の参院選における国民の選択がまず重要となる。政治家たちが「思考停止」状態に陥る中で、国民までもが思考を止めれば、この国は沈むばかりだ。前例主義を排し、未来の日本へと責任を果たす覚悟のある政治家は誰なのか。
今こそ、我々の見極める目が問われている。

氷川貴之（ひかわ　たかゆき）
大学卒業後、取材記者として日本の政界をウォッチ。とりわけ野党の動向に注目し、月刊誌『ＷｉＬＬ』を中心に執筆。著書『日本の政治をダメにしたのは誰だ！』(ワック)

日本《にほん》の政治《せいじ》をダメにした メディアと万年野党《まんねんやとう》

2022年5月30日　初版発行

著　者　氷川貴之

発行者　鈴木 隆一

発行所　ワック株式会社
東京都千代田区五番町 4-5　五番町コスモビル　〒102-0076
電話　03-5226-7622
http://web-wac.co.jp/

印刷製本　大日本印刷株式会社

ⓒHikawa Takayuki
2022, Printed in Japan
価格はカバーに表示してあります。
乱丁・落丁は送料当社負担にてお取り替えいたします。
お手数ですが、現物を当社までお送りください。
本書の無断複製は著作権法上での例外を除き禁じられています。
また私的使用以外のいかなる電子的複製行為も一切認められていません。

ISBN978-4-89831-869-0

好評既刊

いまそこにある中国の日本侵食
ケント・ギルバート
B-350

2020年アメリカ大統領選挙への中国の介入は明らか。そんな中国はあらゆる手を使って日本にプロパガンダ工作を仕掛けている。
ワックBUNKO　定価990円（10％税込）

馬渕睦夫が読み解く2022年世界の真実
静かなる第三次世界大戦が始まった
馬渕睦夫
B-351

「ディープステート」は「戦争の火種」を世界中に撒き散らそうとしている。共産主義とPCという二つの幽霊との闘いに勝利するための知的武装の一冊。
ワックBUNKO　定価990円（10％税込）

皇室をお護りせよ！
鎌田中将への密命
鎌田　勇
B-353

自決を覚悟した終戦の日。だが、東久邇宮首相から「天皇を救え」との密命を受けて、占領軍相手に奮闘する鎌田中将の生きざまを描くノンフィクション大作。
ワックBUNKO　定価990円（10％税込）

http://web-wac.co.jp/

好評既刊

さまよえる韓国人
武藤正敏

韓国駐在12年、外交官生活の半分を韓国に費やした元大使だから分かるこの国の正体。誰が次期大統領になっても「進むも地獄、退くも地獄」。

単行本（ソフトカバー）定価1540円（10％税込）

米中激突の地政学
そして日本の選択は
茂木 誠
B-355

なぜ、二大覇権国家は衝突するのか。シーパワー超大国・米国の真の姿、ランドパワー大国・中国の本質とは？ シーパワー国家・日本の進むべき道は？
ワックBUNKO 定価1100円（10％税込）

皇帝たちの中国
始皇帝から習近平まで
岡田英弘
B-359

始皇帝から始まり、中国共産党が天下を取って以降も、毛沢東から習近平に至るまでの中国の歴史は、すべて「皇帝たちの歴史」だった。
ワックBUNKO 定価990円（10％税込）

http://web-wac.co.jp/

好評既刊

美しく、強く、成長する国へ。
私の「日本経済強靱化計画」
高市早苗
B-352
「崩れ行く日本」の矜持を取り戻し、「確かな未来」を子孫に提示するために書かれたこの本が、日本をいま大きく変えようとしている。
ワックBUNKO　定価990円（10%税込）

プーチンの戦争
ナザレンコ・アンドリー
ロシアの侵略・戦争犯罪から祖国の独立と自由を守るために書いた在日ウクライナ人の手記。「軍事力なき外交」はロシアに通用しない。
単行本（ソフトカバー）定価1650円（10%税込）

日本の政治をダメにしたのは誰だ！
氷川貴之
B-318
「長期政権の驕り」より怖いのが「劣化し続ける万年野党の堕落」。日本の政治を停滞させたウイルス・野党の本質を解剖する。
ワックBUNKO　定価990円（10%税込）

http://web-wac.co.jp/